小学校 教科書単元別
到達目標と評価規準
国語 東1-3年

INDEX

はじめに　田中耕治	3
本書の特長	4
新学習指導要領のポイント	6
学習指導要領　国語改訂のポイント	8
指導要録改訂のポイント	10
各教科の評価の観点と領域	12
単元一覧表	14
到達目標と評価規準	17

はじめに

子どもたちに「生きる力」を保障するために

佛教大学教育学部教授，京都大学名誉教授　**田中　耕治**

　2017年3月に新しい学習指導要領が告示され，小学校では2020年度から，中学校では2021年度から全面実施される。また2019年1月には，中央教育審議会初等中等教育分科会教育課程部会より「児童生徒の学習評価の在り方について（報告）」が公表され，指導要録改訂の方針が示された。

　新しい学習指導要領では，「生きる力」を育成するために，「何を学ぶのか」に加えて「何ができるようになるか」「どのように学ぶか」が重視され，知識・技能の習得に加えて，子どもたちが自ら考え，判断して表現する力と主体的に学習に取り組む態度を身に付けさせることが求められている。

　各小学校では，来年度からの全面実施に向け，さまざまな準備をしていく必要があるが，子どもたちの学力を保障するためには，「目標」の設定と「目標に準拠した評価」が必須であるということに変わりはない。このことを今一度確認しておきたい。

（1）変わらない「目標に準拠した評価」の意義

　「目標に準拠した評価」では，子どもたちに身に付けてほしい学力内容を到達目標として示し，すべての子どもが目標に到達するように授業や教育課程のあり方を検討していく。そして「目標に準拠した評価」を行い，未到達な状況が生まれた場合には，教え方と学び方の両方に反省を加え，改善を行うことができる。まさしく「目標に準拠した評価」こそが，未来を生きる子どもたちに本物の「生きる力」を保障する確固たる方針である。

（2）新しい観点での評価規準の明確化と評価方法の工夫

　「目標に準拠した評価」を具体的に展開していくためには，到達目標にもとづく評価規準を明確にする必要がある。評価規準があいまいな場合には，子どもたちが到達目標に達したかどうかの判断が主観的なものになってしまう。したがって，評価規準を明確にすることは「目標に準拠した評価」の成否を決する大切な作業となる。

　2020年度からの新しい学習評価では，観点が「知識・技能」「思考・判断・表現」「主体的に学習に取り組む態度」の3観点に統一される。どの観点でも，到達目標の設定と評価規準の明確化に加え，子どもたちが評価規準をパスしたかどうかを評価する方法の工夫が必要となる。そのような評価方法は，子どもたちの学びの過程を映し出したり，子どもが評価活動に参加して，自己表現－自己評価できるものが望ましい。

　当然のことながら，それらの評価が「評価のための評価」となってはならない。そのためには，これまで以上に客観的な評価規準を設定することが不可欠となる。

　このたび上梓された本書が，「目標に準拠した評価」を実現するための有効な手引書になれば幸いである。

本書の 特長

○新学習指導要領の趣旨を踏まえ，教科書の単元ごとに到達目標と評価規準を，新しい3観点それぞれで設定。また，授業ごとの学習活動も簡潔に提示。新学習指導要領と新観点に沿った指導計画，授業計画の作成に役立ちます。

内容紹介

〔紙面はサンプルです〕

5年

教科書：p.219～240　配当時数：6時間　配当月：3月

7 すぐれた表現に着目して読み，物語のみりょくをまとめよう

大造じいさんとガン

時数，配当月表示

主領域　C読むこと

領域表示

関連する道徳の内容項目　D生命の尊さ／自然愛護／感動，畏敬の念

関連する道徳の内容項目

到達目標

》知識・技能

○文章を朗読することができる。

○思考に関わる語句の量を増やし語彙を豊かにしたり，語感や言葉の使い方に対する感覚を意識して，語や語句を使ったりすることができる。

○新しく習う漢字を正しく読んだり書いたりすることができる。

到達目標
授業の目標が明確にわかり，授業計画のもとになります。

》思考・判断・表現

○人物像や物語などの全体像を具体的に想像したり，表現の効果を考えたりすることが

○文章を読んでまとめた意見や感想を共有し，自分の考えを広げることができる。

○登場人物の相互関係や心情などについて，描写をもとに捉えることができる。

○文章を読んで理解したことに基づいて，自分の考えをまとめることができる。

○物語を読み，内容を説明したり，自分の生き方などについて考えたことを伝え合ったりする活動ができる。

》主体的に学習に取り組む態度　※「主体的に学習に取り組む態度」は方向目標を示しています。

○叙述に沿って心情の移り変わりを追うとともに，友達と交流して思いや考えを広げる中で，情景描写に着目して心情を捉えようとする。

評価規準

》知識・技能

○いちばん心に残った場面を，自分が感じたことが伝わるように朗読している。

○情景描写に着目し，その効果や描写によって表現されている心情について考え，その

○新しく習う漢字を正しく読んだり書いたりしている。

● 対応する

評価規準
「知識・技能」「思考・判断・表現」
児童が目標に達したかどうかをみとる際の規準です。
授業中の様子や児童のノートを確認する際の参考にもなります。

》思考・判断・表現

○「大造じいさん」の心情の移り変わりを読み取ることで物語の山場を捉え，「大造じい

化について読み取っている。

○物語を読んで考えたことを伝え合い，物語の魅力に対する自分の考えを広げている。

○行動や会話，情景描写などから，「大造じいさん」と「残雪」の関係や，「大造じいさ

○物語の魅力について，優れた表現に着目しながら，自分の考えをまとめている。

○物語の魅力について説明したり，自分の生き方に照らして考えたことなどを伝え合う

● 対応する学習指導要領の項

> **評価規準**
> **「主体的に学習に取り組む態度」**
> この評価規準を参考に，「主体的に学習に取り組む態度」の評価を行うことができます。

≫主体的に学習に取り組む態度

○優れた叙述に着目しながら，「大造じいさん」の心情の変化を読み取ろうとしている。

○物語を読んで感じたことや考えたことを交流し，自分の思いや考えを広げようとしている。

学習活動

小単元名	時数	学習活動	学習の過程
大造じいさんとガン①	1	○238ページ「学習」をもとに学習計画を立てる。 ・これまで読んだ物語を想起し，どのような魅力があったか話し合う。 ・219ページのリード文を読み，大造じいさんとガンの関係や，心情や場面の様子を表す表現に興味をもつ。 ・全文を読み，登場人物の関係や，心情や場面の様子を表す表現に着目して初発の感想を書き，交流する。	見通し 構造と内容の把握
大造じいさんとガン②	2	○人物の心情や関係の変化をもとに，物語の山場を捉える。 ・238ページ上段を読み，「山場」について理解する。 ・場面ごとに，「残雪」との関わりの中で「大造じいさん」の心情や両者の関係がどのように変化したかまとめる。 ・「大造じいさん」の「残雪」に対する見方が，何をきっかけてどう変わったか考える。 ○情景描写を見つけ，その表現にどのような心情が表え。 ・情景描写がある場合とない場合を比べて，表現の効える。	精査・解釈
大造じいさんとガン③	1	○心に残った場面を選び，自分の感じたことが表れする。 ・心に残った場面を選び，朗読の練習をする。 ・238・239ページ下段を参考に，朗読する時のポイントを押さえる。 ・朗読を聞き合い，感じたことを友達と伝え合う。	考えの形成
大造じいさんとガン④	1	○物語の魅力についてまとめる。 ・物語の中で，最も効果的だと感じる表現を選ぶ。 ・選んだ表現の効果と選んだ理由を中心に，物語の魅力についての考えをまとめる。 ・239ページ下段の例を参考にする。	考えの形成
大造じいさんとガン⑤	1	○まとめたものを読み合い，物語の魅力に対する自分の考えを広げる。 ・まとめたものを，友達と読み合う。 ・自分と友達の考えを比べながら読み，感じたことを伝え合う。	共有
		○239ページ「ふりかえろう」で単元の学びをふり返る。 ○240ページ「この本，読もう」を読み，他の本に読み広げる。	ふり返り

> **学習活動**
> 授業ごとの学習活動が明確になっているので，新教科書の授業で何をすればよいかがわかります。

新学習指導要領の ポイント

I 新学習指導要領の最大のポイント

　新学習指導要領では，全体を通して「何を学ぶか」に加えて「何ができるようになるか」が重視されています。身に付けた知識・技能を日常生活や学習場面で活用できる力を育てるということです。

　また，「なぜ学ぶのか」という学習の意義についても児童に確信を持たせることが必要とされています。それが主体的に学習に取り組む態度，学力につながり，最終的にはこれからの「予測が困難な時代」にも対応可能な「生きる力」を育てることになります。

II 資質・能力の育成と主体的・対話的で深い学び

「生きる力」に不可欠な資質・能力の柱として以下の三つが明記されました。
1. 知識及び技能
2. 思考力，判断力，表現力等
3. 学びに向かう力，人間性等

これらの「資質・能力」を育成するために，「主体的・対話的で深い学び」に向けた授業改善が必要とされています。

「主体的」とは児童が意欲をもって学習にあたること，「対話的」とは先生からの一方的な授業ではなく，自分の考えを発表し，ほかの児童の考えを聞いて自分の考えをより深めるなどの活動です。これらを通して，より深い学力，つまり生活の中で活用できる学力を身に付けるようにするということです。

III 生活に生かす

　新学習指導要領には「日常生活」「生活に生かす」という言葉が多く出てきます。「なぜ学ぶのか」ということを児童が実感するためにも，学習内容と生活との関連を意識させ，学習への意欲をもつようにさせることが必要になります。「日常生活」や「生活に生かす」というキーワードを意識した授業が求められます。

IV 言語能力の育成

「教科横断的な視点に立った資質・能力の育成」という項目の中で，学習の基盤となる資質・能力として「情報活用能力」「問題発見・解決能力等」とあわせて「言語能力」が重視されています。国語ではもちろん，他の教科でも言語能力を育成するということになります。

　各教科内容の理解のためにも，「対話的」な学びを行うためにも，言語能力は必要です。具体的には，自分の考えをほかの人にもわかるように伝えることができるか，ほかの人の意見を理解することができるかを評価し，もし不十分であれば，それを指導，改善していくという授業が考えられます。「言語能力の育成」を意

識して，児童への発問やヒントをどう工夫するか，ということも必要になります。

Ⅴ　評価の観点

　資質・能力の三つの柱に沿った以下の3観点とその内容で評価を行うことになります。

「知識・技能」　　　　　　①個別の知識及び技能の習得

　　　　　　　　　　　　　②個別の知識及び技能を，既有の知識及び技能と関連付けたり活用する中
　　　　　　　　　　　　　　で，概念等としての理解や技能の習得

「思考・判断・表現」　　　①知識及び技能を活用して課題を解決する等のために必要な思考力，判断
　　　　　　　　　　　　　　力，表現力等

「主体的に学習に取り組む態度」①知識及び技能を習得したり，思考力，表現力等を身に付けたりすること
　　　　　　　　　　　　　　に向けた粘り強い取組

　　　　　　　　　　　　　②粘り強い取組の中での，自らの学習の調整

Ⅵ　カリキュラム・マネジメント

　3年と4年に「外国語活動」が，5年と6年には教科として「外国語」が導入され，それぞれ35単位時間増えて，3年と4年は35単位時間，5年と6年は70単位時間になります。また，「主体的・対話的な学び」を推進していくと，必要な授業時数が増えていくことも考えられます。

　このような時間を捻出するために，それぞれの学校で目標とする児童像を確認しながら，「総合的な学習の時間」を核として各教科を有機的につなげた教科横断的なカリキュラムを組むなどの方法が考えられます。このカリキュラムを目標達成の観点から点検，評価しつつ改善を重ねていくカリキュラム・マネジメントが必要になります。

Ⅶ　プログラミング学習

　小学校にプログラミング学習が導入されます。プログラミングそのものを学ぶのではなく，プログラミングの体験を通して論理的思考力を身に付けるための学習活動として位置づけられています。プログラミングそのものを学ぶのではありませんから，教師がプログラマーのような高度な知識や技術を持つ必要はありません。プログラミングの体験を通して，どのようにして児童の論理的思考力を育てていくかに注力することが必要です。

学習指導要領 国語改訂の ポイント

(1)国語の教科目標と重視されたこと

新学習指導要領には，以下のように理科の教科目標がまとめられています。

国語の目標

言葉による見方・考え方を働かせ，言語活動を通して，国語で正確に理解し適切に表現する資質・能力を次のとおり育成することを目指す。

(1)日常生活に必要な国語について，その特質を理解し適切に使うことができるようにする。

(2)日常生活における人との関わりの中で伝え合う力を高め，思考力や想像力を養う。

(3)言葉がもつよさを認識するとともに，言語感覚を養い，国語の大切さを自覚し，国語を尊重してその能力の向上を図る態度を養う。

今回の学習指導要領改訂で学習内容の改善・充実のために重視した点として，学習指導要領解説で以下のことが挙げられています。

ア　語彙指導の改善・充実

語彙を豊かにする指導の改善・充実を図り，自分の語彙を量と質の両面から充実させること。具体的には，意味を理解している語句の数を増やすだけでなく，話や文章の中で使いこなせる語句を増やすとともに，語句の認識を深め，語彙の質を高めること。このことを踏まえ，各学年において，指導の重点となる語句のまとまりを示すとともに，語句への理解を深める指導事項を系統化した。

イ　情報の扱い方に関する指導の改善・充実

「情報の扱い方に関する事項」を新設し，「情報と情報の関係」と「情報の整理」の二つの系統に整理した。

ウ　学習過程の明確化，「考えの形成」の重視

全ての領域において，自分の考えを形成する学習過程を重視し，「考えの形成」に関する指導事項を位置付けた。

エ　我が国の言語文化に関する指導の改善・充実

「伝統的な言語文化」，「言葉の由来や変化」，「書写」，「読書」に関する指導事項を「我が国の言語文化に関する事項」として整理するとともに，第1学年及び第2学年の新しい内容として，言葉の豊かさに関する指導事項を追加するなど，その内容の改善を図った。

オ　漢字指導の改善・充実

都道府県名に用いる漢字20字を「学年別漢字配当表」の第4学年に加えるとともに，児童の学習負担に配慮し，第4学年，第5学年，第6学年の配当漢字及び字数の変更を行った。

(2)国語の内容と領域の構成

　内容の構成は三つの柱にそって整理され，〔知識及び技能〕と〔思考力，判断力，表現力等〕の２項目で各学年の内容が示されています。

ア　〔知識及び技能〕の内容

(1)言葉の特徴や使い方に関する事項

　「話し言葉と書き言葉」，「漢字」，「語彙」，「文や文章」，「言葉遣い」，「表現の技法」，「音読，朗読」に関する内容を整理し，系統的に提示。

(2)情報の扱い方に関する事項

　アの「情報と情報との関係」，イの「情報の整理」の二つの内容で構成し，系統的に提示。

(3)我が国の言語文化に関する事項

　「伝統的な言語文化」，「言葉の由来や変化」，「書写」，「読書」に関する内容を「我が国の言語文化に関する事項」として整理。

イ　〔思考力，判断力，表現力等〕の領域と内容

A　話すこと・聞くこと

　学習過程に沿って，次のように構成。

　①話題の設定，情報の収集，内容の検討

　②構成の検討，考えの形成(話すこと)

　③表現，共有(話すこと)

　④構造と内容の把握，精査・解釈，考えの形成，共有（聞くこと）

　⑤話合いの進め方の検討，考えの形成，共有（話し合うこと）

B　書くこと

　学習過程に沿って，次のように構成。

　①題材の設定，情報の収集，内容の検討　②構成の検討　③考えの形成，記述　④推敲　⑤共有

C　読むこと

　学習過程に沿って，次のように構成。

　①構造と内容の把握　②精査・解釈　③考えの形成　④共有

学習指導要領改訂の方向性

新しい時代に必要となる資質・能力の育成と，学習評価の充実

学びを人生や社会に生かそうとする
学びに向かう力，人間性等の涵養

生きて働く知識・技能の習得

未知の状況にも対応できる
思考力・判断力・表現力等の育成

何ができるようになるか

何を学ぶか	どのように学ぶか
新しい時代に必要となる資質・能力を踏まえた教科・科目等の新設や目標・内容の見直し	主体的・対話的で深い学び（「アクティブ・ラーニング」）の視点からの学習過程の改善
5年・6年での外国語教育の教科化 各教科等で育む資質・能力を明確化し，目標や内容を構造的に示す 学習内容の削減は行わない	生きて働く知識・技能の習得など，新しい時代に求められる資質・能力を育成 知識の量を削減せず，質の高い理解を図るための学習過程の質的改善

出典：文部科学省『新しい学習指導要領の考え方－中央教育審議会における議論から改訂そして実施へ－』より（一部改変）

指導要録改訂の ポイント

I 指導要録の主な変更点

①全教科同じ観点に

「指導に関する記録」部分で，各教科の観点が全教科統一されました。

②評定の記入欄が，「各教科の学習の記録」部分へ

これまで評定の記入欄は独立していましたが，「評定が観点別学習状況の評価を総括したものであることを示すため」に「各教科の学習の記録」部分へ移動しました。

③外国語（5・6年）が「各教科の学習の記録」部分に追加

④「外国語活動の記録」部分が，5・6年から3・4年に変更

⑤「総合所見及び指導上参考となる諸事項」の記入スペースが小さく

教師の勤務負担軽減の観点から，「総合所見及び指導上参考となる諸事項」については，要点を箇条書きとするなど，その記載事項を必要最小限にとどめることになったためです。

また，「通級による指導に関して記載すべき事項が当該指導計画に記載されている場合には，その写しを指導要録の様式に添付することをもって指導要録への記入に変えることも可能」となりました。

⑥条件を満たせば，指導要録の様式を通知表の様式と共通のものにすることが可能

通知表の記載事項が，指導要録の「指導に関する記録」に記載する事項をすべて満たす場合には，設置者の判断により，指導要録の様式を通知表の様式と共通のものとすることが可能であるとなっています。

II 新指導要録記入上の留意点

①教科横断的な視点で育成を目指すこととされた資質・能力の評価

「言語能力」「情報活用能力」「問題発見・解決能力」などの教科横断的な視点で育成を目指すこととされた資質・能力の評価は，各教科等における観点別学習状況の評価に反映することになります。

②「特別の教科 道徳」の評価（これまでと変更なし）

・数値による評価ではなく，記述式で行う

・個々の内容項目ごとではなく，多くくりなまとまりを踏まえた評価を行う

・他の児童との比較による評価ではなく，児童がいかに成長したかを積極的に受け止めて認め，励ます個人内評価とする　　など

③外国語活動（3・4年）の評価

観点別に設けられていた文章記述欄が簡素化されました。評価の観点に即して，児童の学習状況に顕著な事項がその特徴を記入する等，児童にどのような力が身に付いたかを文章で端的に記述します。

Ⅲ 新小学校児童指導要録（参考様式）の「指導に関する記録」部分

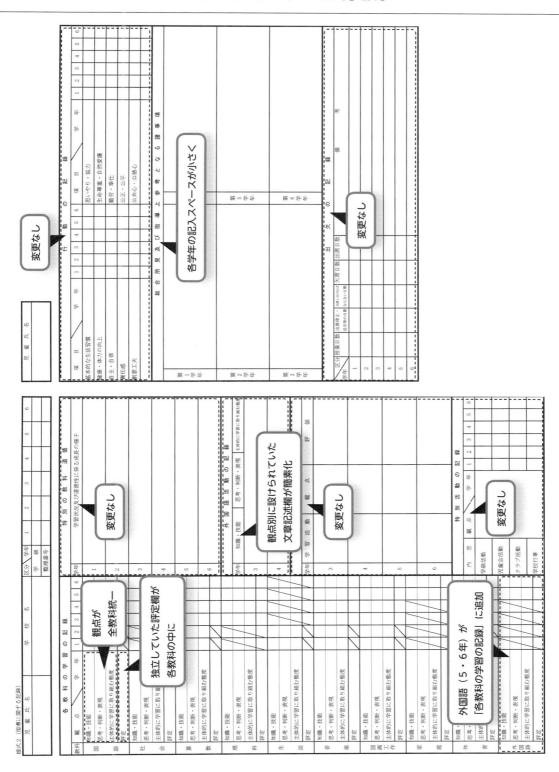

各教科の評価の 観点 と 領域

Ⅰ　2020年度からの評価の観点

　新学習指導要領では，すべての教科等で教育目標や内容が資質・能力の三つの柱「知識及び技能」「思考力，判断力，表現力等」「学びに向かう力，人間性等」に沿って再整理されました。

　この教育目標や内容の再整理を踏まえて，観点別評価については，すべての教科で「知識・技能」「思考・判断・表現」「主体的に学習に取り組む態度」の3観点で行うことになります。

Ⅱ　各観点で評価する内容

①知識・技能

・知識及び技能の習得状況

・習得した知識及び技能を既有の知識及び技能と関連付けたり活用したりする中で，他の学習や生活の場面でも活用できる程度に概念等を理解したり，技能を習得したりしているかどうか

②思考・判断・表現

・知識及び技能を活用して課題を解決する等のために必要な思考力，判断力，判断力等を身に付けているかどうか

③主体的に学習に取り組む態度

・知識及び技能を獲得したり，思考力・判断力，表現力等を身に付けたりするために，自らの学習状況を調整しながら，学ぼうとしているかどうかという意志的な側面

Ⅲ　各観点での評価の方法

①知識・技能

・知識や技能の習得だけを評価するのではなく，概念的な理解ができているかという視点でも評価を行います。

②思考・判断・表現

・ペーパーテストだけではなく，論述やレポートの作成，発表，グループや学級における話し合い，作品の制作や表現等の多様な活動の中での評価，それらを集めたポートフォリオを活用したりするなどの評価方法を工夫する必要があります。

③主体的に学習に取り組む態度

・ノートの記述，授業中の発言や行動，児童による自己評価や相互評価等を，評価の際に考慮する材料の一つとして用いることが考えられます。その際，児童の発達の段階や一人一人の個性を十分に考慮しながら，「知識・技能」や「思考・判断・表現」の観点の状況も踏まえた上で，評価を行う必要があります。

Ⅳ　学習指導要領における内容の表示

　国語と外国語は，観点別，領域別に内容を表示し，算数と理科は領域別に，社会については観点別，領域別に分けず，単純に学年別に内容を表示しています。これらの違いは教科性によるものです。これは，資質・能力の育成を目指して「目標に準拠した評価」をさらに進めるためでもあります。

Ⅴ　各教科の観点と領域

観点

教科	～ 2019年度	2020年度～
国語	国語への関心・意欲・態度	知識・技能
	話す・聞く能力	思考・判断・表現
	書く能力	主体的に学習に取り組む態度
	読む能力	
	言語についての知識・理解・技能	
算数	算数への関心・意欲・態度	知識・技能
	数学的な考え方	思考・判断・表現
	数量や図形についての技能	主体的に学習に取り組む態度
	数量や図形についての知識・理解	
理科	自然事象への関心・意欲・態度	知識・技能
	科学的な思考・表現	思考・判断・表現
	観察・実験の技能	主体的に学習に取り組む態度
	自然事象についての知識・理解	
社会	社会的事象への関心・意欲・態度	知識・技能
	社会的な思考・判断・表現	思考・判断・表現
	観察・資料活用の技能	主体的に学習に取り組む態度
	社会的事象についての知識・理解	
外国語（英語）		知識・技能
		思考・判断・表現
		主体的に学習に取り組む態度

領域

教科	～ 2019年度	2020年度～
国語	A　話すこと・聞くこと	A　話すこと・聞くこと
	B　書くこと	B　書くこと
	C　読むこと	C　読むこと
	伝統的な言語文化と国語の特質に関する事項	
算数	A　数と計算	A　数と計算
	B　量と測定	B　図形
	C　図形	C　測定（1～3年）／変化と関係（4～6年）
	D　数量関係	D　データの活用
理科	A　物資・エネルギー	A　物質・エネルギー
	B　生命・地球	B　生命・地球
社会		
外国語（英語）		聞くこと
		読むこと
		話すこと（やり取り）
		話すこと（発表）
		書くこと

単元一覧表　東書1年

3学期制	2学期制	月	単元名
1学期	前期	4	さあはじめよう
			よろしくね
			ひととつながることば
			こえをとどけよう
			えんぴつをつかうときにたしかめよう
			かいてみよう
			あいうえおのうた
			あいうえおのことばをあつめよう
			ほんがたくさん
		5	あめですよ
			゛や゜のつくじ
			ぶんをつくろう
			みんなにはなそう
			さとうとしお
			はをつかおう
			とんこととん
		6	をへをつかおう
			きいてつたえよう
			ちいさいっ
			ことばあそび
			あひるのあくび
			のばすおん
			どうやってみをまもるのかな
			ちいさいゃゅょ
			こんなことしたよ
		7	おおきなかぶ
			かぞえうた
			えにっきをかこう
			としょかんはどんなところ
2学期		9	あるけあるけ / おおきくなあれ
			はなしたいなききたいな
			かいがら
			ことばあそびうたをつくろう
			かんじのはなし
			○おはなしをよもう
	後期	10	サラダでげんき
			かたかなをかこう
			ほんはともだち
			なにに見えるかな
			よう日と日づけ
			はっけんしたよ
			○のりもののことをしらべよう　いろいろなふね
		11	まとめてよぶことば
			すきなきょうかはなあに
			ことばであそぼう
			おもい出してかこう
		12	○こえに出してよもう　おとうとねずみチロ
			すきなおはなしはなにかな
3学期		1	○しをよもう　みみずのたいそう
			むかしばなしをたのしもう
			おはなしをかこう
			かたかなのかたち
			○くらべてよもう
		2	子どもをまもるどうぶつたち
			ことばをあつめよう
			小学校のことをしょうかいしよう
		3	○すきなところを見つけよう　スイミー
			かたちのにているかん字
			一年かんをふりかえろう

東書 2 年

3学期制	2学期制	月	単元名
1学期	前期	4	すきなこと、なあに
			いくつあつめられるかな
			○お話を音読しよう　風のゆうびんやさん
			としょかんへ行こう
			かん字の書き方
		5	○たんぽぽのひみつを見つけよう　たんぽぽ
			こんなことをしているよ
			外国の小学校について聞こう
		6	○声やうごきであらわそう　名前を見てちょうだい
			かんさつしたことを書こう
			かたかなで書くことば
			ことばで絵をつたえよう
		7	○文しょうのちがいを考えよう　サツマイモのそだて方
			言いつたえられているお話を知ろう
			本は友だち
2学期		9	○しを読もう　いろんなおとのあめ / 空にぐうんと手をのばせ
			はんたいのいみのことば
			うれしくなることばをあつめよう
			○気もちを音読であらわそう　ニャーゴ
			にたいみのことば
	後期	10	絵を見てお話を書こう
			○どうぶつのひみつをさぐろう　ビーバーの大工事
			主語とじゅつ語
		11	あそび方をせつ明しよう
			たからものをしょうかいしよう
			なかまになることば
			同じところ、ちがうところ
			○読んだかんそうをつたえ合おう　お手紙
		12	おくりがなに気をつけよう
			「ありがとう」をつたえよう
			どんな本を読んだかな
3学期		1	○むかし話をしょうかいしよう　かさこじぞう
			声に出してみよう
			おばあちゃんに聞いたよ
		2	この人をしょうかいします
			ことばを広げよう
			○あなのやくわりを考えよう　あなのやくわり
		3	すきな場しょを教えよう
			「ことばのアルバム」を作ろう

15

東書 3 年

3学期制	2学期制	月	単元名
1学期	前期	4	何をしているのかな
			くらべてみよう
			○物語を音読しよう　すいせんのラッパ
			図書館へ行こう
			国語じてんの使い方
		5	○文章を読んで感そうをつたえ合おう　自然のかくし絵
			漢字の表す意味
			メモを取りながら話を聞こう
		6	調べて書こう、わたしのレポート
			○「あらすじカード」を作ろう　はりねずみと金貨
			ローマ字①
			慣用句を使おう
		7	○書き手のくふうを考えよう　「ほけんだより」を読みくらべよう
			本は友だち
2学期		9	○詩を読もう　紙ひこうき / 夕日がせなかをおしてくる
			グループの合い言葉をきめよう
			○人物につたえたいことをまとめよう　サーカスのライオン
			くわしく表す言葉
		10	想ぞうを広げて物語を書こう
			○パラリンピックについて調べよう　パラリンピックが目指すもの
		11	ローマ字②
			話したいな、わたしのすきな時間
			案内の手紙を書こう
			漢字の読み方
	後期		○想ぞうしたことをつたえ合おう　モチモチの木
		12	自分の考えをつたえよう
			本をしょうかいしよう
3学期		1	俳句に親しむ
			心が動いたことを詩で表そう
			言葉でつたえ合う
			○世界の家のつくりについて考えよう
		2	人をつつむ形—世界の家めぐり
			外国のことをしょうかいしよう
			○物語のしかけをさがそう
		3	ゆうすげ村の小さな旅館—ウサギのダイコン
			漢字の組み立てと意味
			「わたしのベストブック」を作ろう

小学校　教科書単元別

到達目標と評価規準

国語
東 1-3年

| 1年 | 東書 |

教科書【上】：p.1〜7　配当時数：2時間　配当月：4月

さあ　はじめよう

主領域　C読むこと

到達目標

≫知識・技能
○姿勢や口形，発声や発音に注意して話すことができる。
○語のまとまりや言葉の響きなどに気をつけて音読することができる。

≫思考・判断・表現
○文章を読んで感じたことやわかったことを共有することができる。

≫主体的に学習に取り組む態度　※「主体的に学習に取り組む態度」は方向目標を示しています。
○絵と文が表現している事柄を捉え，教師の読み聞かせを聞きながら文をはっきりと音読したり，絵と文から想像したことを楽しく話したり聞いたりしようとする。

評価規準

≫知識・技能
○姿勢や口形，発声や発音に注意して話している。
○教師の読み聞かせをもとに，語のまとまりや言葉の響きなどに気をつけて音読している。
　　　　　　　　　　　　　　　　　　　　　　● 対応する学習指導要領の項目：(1) イ，ク

≫思考・判断・表現
○教師の読み聞かせを聞いて，感じたことやわかったことを共有している。
　　　　　　　　　　　　　　　　　　　　　　● 対応する学習指導要領の項目：C (1) カ

≫主体的に学習に取り組む態度
○絵と文が表現している事柄を捉え，教師の読み聞かせを聞きながらリズムを楽しんだり，教師に続いてはっきりと音読したり，絵と文から想像したことを楽しく話したり聞いたりしている。

学習活動

小単元名	時数	学習活動	学習の過程
さあ　はじめよう	2	○教師の読み聞かせに合わせて音読し，絵に重ねながら，思ったことや気がついたことを発表し合う。	共有

| 1年 | 東書 |

教科書【上】：p.10～11　配当時数：1時間　配当月：4月

よろしくね

| 主領域 | A話すこと・聞くこと |

| 関連する道徳の内容項目 | B礼儀／友情，信頼 |

到達目標

》知識・技能
○身近なことを表す語句の量を増し，話や文章の中で使うとともに，語彙を豊かにすることができる。

》思考・判断・表現
○身近なことや経験したことなどから話題を決め，伝え合うために必要な事柄を選ぶことができる。
○話し手が知らせたいことや自分が聞きたいことを聞き，話の内容を捉えることができる。

》主体的に学習に取り組む態度　※「主体的に学習に取り組む態度」は方向目標を示しています。
○楽しい学校生活をするための基本となる，自己紹介をしようとする。

評価規準

》知識・技能
○友達とのあいさつを通して語句の量を増し，語彙を豊かにしている。
────● 対応する学習指導要領の項目：(1) オ

》思考・判断・表現
○友達とあいさつするために必要な言葉や行動を選んでいる。
○話し手のあいさつを聞き，話の内容を捉えている。
────● 対応する学習指導要領の項目：A (1) ア，エ

》主体的に学習に取り組む態度
○カードに，自分の名前と好きなものを書いている。
○カードを持って，楽しい学校生活をするための基本となる，自己紹介をしている。

学習活動

小単元名	時数	学習活動	学習の過程
よろしくね	1	○自分の名前と，好きなものをカードに書き，友達とあいさつし合う。	共有

| 1年 | 東書 | 教科書【上】：p.12〜13　配当時数：2時間　配当月：4月 |

ひとと　つながる　ことば

主領域　A話すこと・聞くこと

関連する道徳の内容項目　B親切，思いやり／礼儀

到達目標

≫知識・技能

○身近なことを表す語句の量を増し，話や文章の中で使うとともに，言葉には意味による語句のまとまりがあることに気づき，語彙を豊かにすることができる。

≫思考・判断・表現

○身近なことや経験したことなどから話題を決め，伝え合うために必要な事柄を選ぶことができる。

≫主体的に学習に取り組む態度　※「主体的に学習に取り組む態度」は方向目標を示しています。

○あいさつや返事など，学校生活に必要なコミュニケーションの言葉を声に出して使おうとする。

評価規準

≫知識・技能

○学校生活の中で，あいさつ，返事，「ありがとう」や「ごめんね」など，コミュニケーションのための言葉を知り，使っている。

● 対応する学習指導要領の項目：(1) オ

≫思考・判断・表現

○場面に合った言葉を選んであいさつや返事をしている。

● 対応する学習指導要領の項目：A (1) ア

≫主体的に学習に取り組む態度

○朝や帰りのあいさつ，呼ばれた時の返事，「ありがとう」「ごめんね」「大丈夫」などの相手を気遣う言葉を，必要な場面で声に出して言っている。

学習活動

小単元名	時数	学習活動	学習の過程
ひとと　つながる　ことば	2	○絵の中の言葉について，教師の読み聞かせを聞きながら，だれが，どんな場面で話しているかを確かめる。 ○絵の中の吹き出しの言葉を発表し合う。 ○吹き出しのない人物同士での会話を想像する。	共有

| 1年 | 東書 | 教科書【上】：p.14〜15　配当時数：1時間　配当月：4月 |

こえを　とどけよう

主領域　A話すこと・聞くこと

到達目標

》知識・技能
○姿勢や口形，発声や発音に注意して話すことができる。

》思考・判断・表現
○伝えたい事柄や相手に応じて，声の大きさや速さなどを工夫することができる。

》主体的に学習に取り組む態度　※「主体的に学習に取り組む態度」は方向目標を示しています。
○「こえの　ものさし」を使って，相手との距離によって声の大きさを変えようとする。

評価規準

》知識・技能
○姿勢や口形，発声や発音に注意して話している。

● 対応する学習指導要領の項目：(1) イ

》思考・判断・表現
○伝えたい事柄や相手に応じて，声の大きさや速さなどを工夫している。

● 対応する学習指導要領の項目：A (1) ウ

》主体的に学習に取り組む態度
○「こえの　ものさし」を使って，相手との距離によって声の大きさを変えようとしている。

●

学習活動

小単元名	時数	学習活動	学習の過程
こえを　とどけよう	1	○となりの友達と話す場合（こえの　ものさし1），教室のみんなに話す場合（こえの　ものさし3）など，相手との距離によって声の大きさを変えることを理解する。	共有

1年	東書

教科書【上】：p.16～17　配当時数：1時間　配当月：4月

えんぴつを　つかう　ときに　たしかめよう

到達目標

》知識・技能

○平仮名を読み，書くことができる。

》主体的に学習に取り組む態度　※「主体的に学習に取り組む態度」は方向目標を示しています。

○書く姿勢や手の置き方，鉛筆の持ち方に注意しようとする。

評価規準

》知識・技能

○平仮名を読んだり書いたりしている。

● 対応する学習指導要領の項目：(1) ウ

》主体的に学習に取り組む態度

○字を書く姿勢や手の置き方，鉛筆の持ち方に注意している。

学習活動

小単元名	時数	学習活動	学習の過程
えんぴつを　つかう　ときに　たしかめよう	1	○書く姿勢や手の置き方，鉛筆の持ち方を確かめる。	

| 1年 | 東書 | 教科書【上】：p.18〜19　配当時数：1時間　配当月：4月 |

かいて　みよう

到達目標

≫知識・技能
○平仮名を読み，書くことができる。

≫主体的に学習に取り組む態度　　※「主体的に学習に取り組む態度」は方向目標を示しています。
○文字の形と筆順に注意して，易しい字形の平仮名を書こうとする。

評価規準

≫知識・技能
　○平仮名を読み，書いている。

──────────● 対応する学習指導要領の項目：(1) ウ

≫主体的に学習に取り組む態度
　○文字の形と筆順に注意して，易しい字形の平仮名を書いている。

学習活動

小単元名	時数	学習活動	学習の過程
かいて　みよう	1	○字を書くときの姿勢や鉛筆の持ち方に注意して，運筆の練習をする。 ○字形や筆順に注意しながら，易しい字形の平仮名を書く。	

| 1年 | 東書 | 教科書【上】：p.20〜21　配当時数：2時間　配当月：4月 |

あいうえおの　うた

到達目標

≫知識・技能

○姿勢や口形，発声や発音に注意して話すことができる。

○語のまとまりや言葉の響きなどに気をつけて音読することができる。

≫主体的に学習に取り組む態度　※「主体的に学習に取り組む態度」は方向目標を示しています。

○「あいうえおの　うた」を，語のまとまりを意識して正しく発音しようとする。

○言葉のリズムを楽しんで音読しようとする。

評価規準

≫知識・技能

○姿勢や口形，発声や発音に注意して詩を読んでいる。

○母音を含む語を，言葉の響きなどを楽しんで音読している。

● 対応する学習指導要領の項目：(1) イ，ク

≫主体的に学習に取り組む態度

○「あいうえおの　うた」を，語のまとまりを意識して正しく発音している。

○言葉のリズムを楽しんで音読している。

学習活動

小単元名	時数	学習活動	学習の過程
あいうえおの　うた	2	○「あ」「い」「う」「え」「お」やそれらを含む語を，口形や音節に注意して発音する。 ○言葉のリズムを確かめ，読み方を工夫したり動作化したりして音読し合う。	

| 1年 | 東書 | 教科書【上】：p.22〜23　配当時数：3時間　配当月：4月 |

あいうえおの　ことばを　あつめよう

到達目標

≫知識・技能

○姿勢や口形，発声や発音に注意して話すことができる。

○平仮名を読み，書くことができる。

○言葉には意味による語句のまとまりがあることに気づき，語彙を豊かにすることができる。

≫主体的に学習に取り組む態度　※「主体的に学習に取り組む態度」は方向目標を示しています。

○「あ・い・う・え・お」を字形や筆順に気をつけて書こうとする。

○「あ」「い」「う」「え」「お」から始まる言葉を集めて発音しようとする。

評価規準

≫知識・技能

○姿勢や口形，発声や発音に注意して，絵に合う言葉を読んでいる。

○平仮名を読み，書いている。

○絵に合う言葉を読み，言葉には意味による語句のまとまりがあることに気づき，語彙を豊かにしている。

● 対応する学習指導要領の項目：(1) イ，ウ，オ

≫主体的に学習に取り組む態度

○「あ・い・う・え・お」を字形や筆順に気をつけて書いている。

○「あ」「い」「う」「え」「お」から始まる言葉を集めて発音している。

学習活動

小単元名	時数	学習活動	学習の過程
あいうえおの　ことばを　あつめよう	3	○教科書の「あ・い・う・え・お」を見ながら，丁寧に書く。 ・筆順・字形に気をつける。 ○教科書の絵に合う言葉を考えて，声に出して正しく発音して読む。	

| 1年 | 東書 |

教科書【上】：p.24〜25　配当時数：2時間　配当月：4月

ほんが　たくさん

主領域　C読むこと

関連する道徳の内容項目　C規則の尊重

到達目標

≫知識・技能
○読書に親しみ，いろいろな本があることを知ることができる。

≫思考・判断・表現
○文章を読んで感じたことやわかったことを共有することができる。
○読み聞かせを聞いたり物語などを読んだりして，内容や感想などを伝え合う活動ができる。

≫主体的に学習に取り組む態度　※「主体的に学習に取り組む態度」は方向目標を示しています。
○読み聞かせを楽しんだり，本に興味をもったりして，読みたい本を選んで読もうとする。

評価規準

≫知識・技能
○読書に親しみ，いろいろな本に触れている。
　　　　　　　　　　　　　　　　　　　　　　　　　　● 対応する学習指導要領の項目：(3) エ

≫思考・判断・表現
○本を読んで，感じたことやわかったことを共有している。
○読み聞かせを聞いたり物語などを読んだりして，内容や感想などを伝え合う活動をしている。
　　　　　　　　　　　　　　　　　　　　　　● 対応する学習指導要領の項目：C (1) カ　(2) イ

≫主体的に学習に取り組む態度
○読み聞かせを楽しんだり，本に興味をもったりして，読みたい本を選んで読んでいる。

学習活動

小単元名	時数	学習活動	学習の過程
ほんが　たくさん	2	○学校図書館のいろいろな本を，興味をもって見る。 ○教師の読み聞かせを聞いたり，自分で読みたい本を探して読んだりする。	共有

| 1年 | 東書 | 教科書【上】：p.26〜31　配当時数：4時間　配当月：5月 |

あめですよ

| 主領域 | C読むこと |

| 関連する道徳の内容項目 | D自然愛護 |

到達目標

》知識・技能

○語のまとまりや言葉の響きなどに気をつけて音読することができる。

》思考・判断・表現

○場面の様子や登場人物の行動など，内容の大体を捉えることができる。

○文章の内容と自分の体験とを結び付けて，感想をもつことができる。

○物語などを読んで，内容や感想などを伝え合ったり，演じたりする活動ができる。

》主体的に学習に取り組む態度　※「主体的に学習に取り組む態度」は方向目標を示しています。

○「あめですよ」を，言葉のリズムを楽しんで，様子や気持ちを想像しながら読もうとする。

評価規準

》知識・技能

○音数や同音による言葉の響きなどに気をつけて音読している。

● 対応する学習指導要領の項目：(1) ク

》思考・判断・表現

○場面の様子や登場人物の行動など，内容の大体を捉えている。

○雨降りと自分の体験とを結び付けて，感想をもっている。

○「あめですよ」を読んで，内容や感想などを伝え合ったり，動作化したりする活動をしている。

● 対応する学習指導要領の項目：C (1) イ，オ　(2) イ

》主体的に学習に取り組む態度

○お話の登場人物を，出てきた順番に確かめている。

○「あめですよ」を，言葉のリズムを楽しんで，様子や気持ちを想像しながら読んでいる。

学習活動

小単元名	時数	学習活動	学習の過程
あめですよ①	3	○登場人物を順番に確かめる。 ・「かえる・みみず」「ねずみ・ねこ」「かば・わに」「ごりら・くま」 　「女の子」	構造と内容の把握
		○場面ごとに，それぞれの登場人物の気持ちになって，情景を想像 しながら音読する。	考えの形成
あめですよ②	1	○場面ごとに，動作をつけながら音読し合う。	共有

| 1年 | 東書 | 教科書【上】：p.32〜33　配当時数：3時間　配当月：5月 |

「゛」や　「゜」の　つく　じ

到達目標

》知識・技能

○姿勢や口形，発声や発音に注意して話すことができる。

○平仮名を読み，書くことができる。

○言葉には意味による語句のまとまりがあることに気づき，語彙を豊かにすることができる。

》主体的に学習に取り組む態度　※「主体的に学習に取り組む態度」は方向目標を示しています。

○清音と濁音・半濁音との違いを理解し，正しく読み書きしようとする。

評価規準

》知識・技能

○姿勢や口形，発声や発音に注意して音読している。

○濁音・半濁音の平仮名を読み，書いている。

○清音に「゛」や「゜」をつけることで別の言葉になることに気づき，語彙を豊かにしている。

　　　　　　　　　　　　　　　　　　　　　　● 対応する学習指導要領の項目：(1) イ，ウ，オ

》主体的に学習に取り組む態度

○清音と濁音・半濁音との違いを理解し，正しく読み書きしている。

学習活動

小単元名	時数	学習活動	学習の過程
「゛」や　「゜」の　つ　く　じ①	1	○清音・濁音・半濁音の違いがわかり，正しく使う。 ・32・33ページ下段の言葉を，違うところに気をつけて，絵に重ねて音読する。 ・33ページ上段の詩を音読し合う。	
「゛」や　「゜」の　つ　く　じ②	2	○32・33ページ下段の言葉を，筆順や「゛」や「゜」の位置に気をつけて正しく書く。	

| 1年 | 東書 | 教科書【上】：p.34〜35　配当時数：2時間　配当月：5月 |

ぶんを　つくろう

主領域　B書くこと

到達目標

≫知識・技能
○句読点の打ち方を理解して文や文章の中で使うことができる。
○文の中における主語と述語との関係に気づくことができる。

≫思考・判断・表現
○語と語の続き方に注意しながら，内容のまとまりがわかるように書き表し方を工夫することができる。

≫主体的に学習に取り組む態度　※「主体的に学習に取り組む態度」は方向目標を示しています。
○助詞「が」の使い方がわかり，「が」を使って主語と述語のある文を書こうとする。

評価規準

≫知識・技能
○句点の打ち方や位置を理解して文の中で使っている。
○文の中における主語と述語との関係に気づいている。

● 対応する学習指導要領の項目：(1) ウ，カ

≫思考・判断・表現
○「○○が〜する。」の形の主語と述語の整った文を工夫して書いている。

● 対応する学習指導要領の項目：B (1) ウ

≫主体的に学習に取り組む態度
○助詞「が」の使い方がわかり，「が」を使って主語と述語のある文を書いている。

学習活動

小単元名	時数	学習活動	学習の過程
ぶんを　つくろう	2	○34 ページの 3 つの文を視写して，助詞「が」の働きや句点の意味を知る。	考えの形成
		○35 ページの写真を見て，「○○が〜する。」の形の主語と述語の整った文を作る。 ・句点を書く位置に気をつける。	記述

| 1年 | 東書 |

教科書【上】：p.36～39　配当時数：4時間　配当月：5月

みんなに　はなそう

| 主領域 | A話すこと・聞くこと

| 関連する道徳の内容項目 | B礼儀／友情，信頼　Cよりよい学校生活，集団生活の充実　D自然愛護

到達目標

》知識・技能

○姿勢や口形，発声や発音に注意して話すことができる。

○身近なことを表す語句の量を増し，話の中で使うとともに，語彙を豊かにすることができる。

》思考・判断・表現

○身近なことや経験したことなどから話題を決め，伝え合うために必要な事柄を選ぶことができる。

○伝えたい事柄や相手に応じて，声の大きさや速さなどを工夫することができる。

○紹介や説明，報告など伝えたいことを話したり，それらを聞いて確かめたり感想を述べたりする活動ができる。

》主体的に学習に取り組む態度　※「主体的に学習に取り組む態度」は方向目標を示しています。

○見つけたものを話題にして，みんなの前で丁寧な言葉づかいではっきり話そうとする。

評価規準

》知識・技能

○姿勢や口形，発声や発音に注意して話している。

○自分で見つけたものや友達が見つけたものを聞いて語句の量を増し，話の中で使い，語彙を豊かにしている。

● 対応する学習指導要領の項目：(1) イ，オ

》思考・判断・表現

○身近なことから話題を決め，みんなに話すための必要な事柄を選んでいる。

○クラスのみんなに話すため，声の大きさや速さなどを工夫している。

○見つけたものを話したり，それらを聞いて確かめたりする活動をしている。

● 対応する学習指導要領の項目：A (1) ア，ウ　(2) ア

》主体的に学習に取り組む態度

○見つけたものを話題にして，みんなの前で丁寧な言葉づかいではっきり話している。

学習活動

小単元名	時数	学習活動	学習の過程
みんなに　はなそう①	2	○話したいことを決めて，みんなに対して話す。 ・友達に知らせたい，見つけたものを絵にかいておく。 ・「……は，……をみつけました。」のような話型で話す。 ・聞く人たちの方を見て，はっきりした発音で話す。	話題の設定　表現
みんなに　はなそう②	2	○友達の話を興味をもって聞き，大事なことを聞きとる。	共有

1年	東書

教科書【上】：p.40〜47　配当時数：4時間　配当月：5月

さとうと　しお

主領域　C読むこと

到達目標

≫知識・技能

○文の中における主語と述語との関係に気づくことができる。

○丁寧な言葉と普通の言葉との違いに気をつけて使うとともに，敬体で書かれた文章に慣れることができる。

○共通，相違など情報と情報との関係について理解することができる。

≫思考・判断・表現

○事柄の順序を考えながら，内容の大体を捉えることができる。

○文章を読んで感じたことやわかったことを共有することができる。

○事物の仕組みを説明した文章などを読み，わかったことや考えたことを述べる活動ができる。

≫主体的に学習に取り組む態度　※「主体的に学習に取り組む態度」は方向目標を示しています。

○砂糖と塩の相違点や共通点を，写真と文を結び付けながら叙述に沿って正しく読み取ろうとする。

評価規準

≫知識・技能

○「さとう」「しお」を主語として，それに対する述語の関係に気づいている。

○丁寧な言葉と普通の言葉との違いに気づき，敬体で書かれた文章に慣れている。

○「さとう」と「しお」の相違点・共通点について理解している。

● 対応する学習指導要領の項目：(1) カ，キ　(2) ア

≫思考・判断・表現

○「さとう」「しお」，それぞれの事柄を考えながら，内容の大体を捉えている。

○文章を読んで感じたことやわかったことを共有している。

○「さとう」と「しお」の相違点・共通点について説明した文章などを読み，わかったことや考えたことを述べる活動をしている。

● 対応する学習指導要領の項目：C (1) ア，オ　(2) ア

≫主体的に学習に取り組む態度

○教師の読み聞かせを聞いたり，自分で読んだりして，気がついたことや知っていることを発表し合っている。

○砂糖と塩の相違点や共通点を，写真と文を結び付けながら叙述に沿って正しく読み取っている。

学習活動

小単元名	時数	学習活動	学習の過程
さとうと　しお①	1	○教師の読み聞かせを聞いたり，自分で読んだりして，気がついたことや知っていることを発表し合う。	構造と内容の把握
さとうと　しお②	2	○以下の点について，砂糖と塩の違いを確かめる。 ・さわってみる。 ・なめてみる。 ・何からできているか。	精査・解釈
さとうと　しお③	1	○どちらも食べ物をおいしくすることを確かめる。	精査・解釈
		○全体を読んで気がついたことを発表し合う。	共有

| 1年 | 東書 | 教科書【上】：p.48〜49　配当時数：1時間　配当月：5月 |

「は」を　つかおう

主領域　B書くこと

到達目標

≫知識・技能
○助詞の「は」の使い方を理解して文や文章の中で使うことができる。
○文の中における主語と述語との関係に気づくことができる。

≫思考・判断・表現
○語と語の続き方に注意しながら，内容のまとまりがわかるように書き表し方を工夫することができる。

≫主体的に学習に取り組む態度　※「主体的に学習に取り組む態度」は方向目標を示しています。
○助詞の「は」の使い方がわかり，正しく使って文を書こうとする。

評価規準

≫知識・技能
○助詞の「は」の使い方を理解して文の中で使っている。
○助詞の「は」を使った「○○は」が，主語になることに気づいている。
● 対応する学習指導要領の項目：(1) ウ，カ

≫思考・判断・表現
○語と語の続き方に注意しながら，「は」を使った文の書き表し方を工夫している。
● 対応する学習指導要領の項目：B (1) ウ

≫主体的に学習に取り組む態度
○助詞の「は」の使い方がわかり，「わ」と間違えずに正しく使って文を書いている。
●

学習活動

小単元名	時数	学習活動	学習の過程
「は」を　つかおう	1	○「そらは　あおい。」と「そら　あおい。」，まとまりがあるのはどちらか理解する。	考えの形成
		○「は」と「わ」について，文を書くときの使い方や，読むときの読み方に違いがあることを知る。 ・49ページの4つの文に言葉を入れる。	記述

35

| 1年 | 東書 | 教科書【上】：p.50〜55　配当時数：5時間　配当月：5月 |

とん こと とん

主領域　C読むこと

関連する道徳の内容項目　B礼儀／友情，信頼

到達目標

≫知識・技能
○丁寧な言葉と普通の言葉との違いに気づき，敬体で書かれた文章に慣れることができる。
○語のまとまりや言葉の響きなどに気をつけて音読することができる。

≫思考・判断・表現
○場面の様子や登場人物の行動など，内容の大体を捉えることができる。
○読み聞かせを聞いたり物語などを読んだりして，内容や感想などを伝え合ったり，演じたりする活動ができる。

≫主体的に学習に取り組む態度　※「主体的に学習に取り組む態度」は方向目標を示しています。
○ねずみともぐらの様子を思いうかべながら音読したり動作化したりしようとする。

評価規準

≫知識・技能
○丁寧な言葉と普通の言葉との違いに気づき，敬体で書かれた文章に慣れている。
○語のまとまりや言葉の響きやリズムなどに気をつけて音読している。
　　　　　　　　　　　　　　　　　　　　　　　　　　　　　　● 対応する学習指導要領の項目：(1) キ，ク

≫思考・判断・表現
○場面ごとに，ねずみともぐらの様子など，内容の大体を捉えている。
○読み聞かせを聞いたり物語を読んだりして，内容や感想などを伝え合ったり，音読や動作化をしたりする活動をしている。
　　　　　　　　　　　　　　　　　　　　　　　　　● 対応する学習指導要領の項目：C (1) イ　 (2) イ

≫主体的に学習に取り組む態度
○教師の読み聞かせを聞いたり，自分で読んだりしながら，絵に重ねてお話の場面や登場人物をつかんでいる。
○ねずみともぐらの様子を思いうかべながら音読したり動作化したりしている。

学習活動

小単元名	時数	学習活動	学習の過程
とん こと とん①	1	○教師の読み聞かせを聞いたり，自分で読んだりしながら，絵に重ねてお話の場面や登場人物をつかむ。 ・だれとだれが出てくるお話か。 ・4つの場面に分かれていることを確かめる。	構造と内容の把握

| とん　こと　とん② | 3 | ○場面ごとに，人物の行動や様子を思いうかべながら話し合う。 | 精査・解釈 |
| とん　こと　とん③ | 1 | ○人物の様子を想像して，様子が表れるように音読したり，動作化したりする。 | 共有 |

| 1年 | 東書 |

教科書【上】：p.56〜57　配当時数：2時間　配当月：6月

「を」「へ」を　つかおう

| 主領域 | B書くこと |

到達目標

≫知識・技能
○助詞の「へ」及び「を」の使い方を理解して文や文章の中で使うことができる。

≫思考・判断・表現
○語と語や文と文との続き方に注意しながら，内容のまとまりがわかるように書き表し方を工夫することができる。

≫主体的に学習に取り組む態度　※「主体的に学習に取り組む態度」は方向目標を示しています。
○「を」「へ」を使ったときの語と語の続き方に気をつけて，文を正しく書こうとする。

評価規準

≫知識・技能
　○助詞の「へ」及び「を」の使い方を理解して文や文章の中で使っている。
　　　　　　　　　　　　　　　　　　　　　　　　　　　　　● 対応する学習指導要領の項目：(1) ウ

≫思考・判断・表現
　○語と語の続き方に注意しながら，助詞の「へ」及び「を」を使った文の書き表し方を工夫している。
　　　　　　　　　　　　　　　　　　　　　　　　　　　　　● 対応する学習指導要領の項目：B (1) ウ

≫主体的に学習に取り組む態度
　○「を」「へ」を使ったときの語と語の続き方に気をつけて，「お」「え」と間違えずに文を正しく書いている。

学習活動

小単元名	時数	学習活動	学習の過程
「を」「へ」を　つかおう	2	○「お」と「を」，「え」と「へ」は，文を書くときの使い方や，読むときの読み方に違いがあることを知る。	考えの形成　記述

| 1年 | 東書 |

教科書【上】：p.58～59　配当時数：3時間　配当月：6月

きいて　つたえよう

| 主領域 | A話すこと・聞くこと |

| 関連する道徳の内容項目 | B礼儀／友情，信頼 |

到達目標

≫知識・技能
○姿勢や口形，発声や発音に注意して話すことができる。

≫思考・判断・表現
○話し手が知らせたいことや自分が聞きたいことを落とさないように集中して聞き，話の内容を捉えて感想をもつことができる。

≫主体的に学習に取り組む態度　※「主体的に学習に取り組む態度」は方向目標を示しています。
○話をしっかり聞き，大事な点を落とさずに，他の人に正しく伝えようとする。

評価規準

≫知識・技能
○姿勢や口形，発声や発音に注意してグループの友達に話している。
　　　　　　　　　　　　　　　　　　　　　　　　　●対応する学習指導要領の項目：(1) イ

≫思考・判断・表現
○話し手が知らせたいことや自分が聞きたいことを落とさないように集中して聞き，話の内容を捉えている。
　　　　　　　　　　　　　　　　　　　　　　　　　●対応する学習指導要領の項目：A (1) エ

≫主体的に学習に取り組む態度
○教師の話をしっかり聞き，大事な点を落とさずに，グループの友達に正しく伝えている。

学習活動

小単元名	時数	学習活動	学習の過程
きいて　つたえよう	3	○教師の言葉を聞き，グループの友達に伝える。 ○正しく伝わったか確かめる。 ・言葉や話す人を変えて繰り返す。	考えの形成　共有

| 1年 | 東書 | 教科書【上】：p.60〜61　配当時数：3時間　配当月：6月 |

ちいさい　「っ」

到達目標

≫知識・技能

○姿勢や口形，発声や発音に注意して話すことができる。

○促音の表記を理解して文や文章の中で使うことができる。

○身近なことを表す語句の量を増し，話や文章の中で使うとともに，語彙を豊かにすることができる。

≫主体的に学習に取り組む態度　※「主体的に学習に取り組む態度」は方向目標を示しています。

○大きい「つ」と小さい「っ」との違いで言葉の読み方や意味が違うことがわかり，促音を含む言葉を正しく読んだり書いたりしようとする。

評価規準

≫知識・技能

○姿勢や口形，発声や発音に注意して，促音を含む言葉を音読している。

○書く時の促音の大きさや位置を理解して文や文章の中で使っている。

○身近にある促音を含む言葉を探し，話や文章の中で使うとともに，語彙を豊かにしている。

●対応する学習指導要領の項目：(1) イ，ウ，オ

≫主体的に学習に取り組む態度

○大きい「つ」と小さい「っ」との違いで言葉の読み方や意味が違うことがわかり，促音を含む言葉を正しく読んだり書いたりしている。

学習活動

小単元名	時数	学習活動	学習の過程
ちいさい　「っ」①	1	○60・61ページ上段の絵と言葉から，促音を含む言葉の発音と意味の違いを確かめ，音読をし合う。	
ちいさい　「っ」②	2	○60・61ページ下段の，促音を含む言葉と含まない言葉を正しく読み書きする。 ・音数の違いに気をつける。	

| 1年 | 東書 |

教科書【上】：p.62〜63　配当時数：3 時間　配当月：6 月

ことばあそび

到達目標

≫知識・技能

○姿勢や口形，発声や発音に注意して話すことができる。

○平仮名を読み，書くとともに文や文章の中で使うことができる。

○長く親しまれている言葉遊びを通して，言葉の豊かさに気づくことができる。

≫主体的に学習に取り組む態度　※「主体的に学習に取り組む態度」は方向目標を示しています。

○言葉遊びを通して語や文字についての関心を高め，平仮名の読み書きに習熟し語彙を増やそうとする。

評価規準

≫知識・技能

○姿勢や口形，発声や発音に注意して「しりとり」をしている。

○平仮名を読み，書くとともに，「しりとり」や「ことばみつけ」で使っている。

○「しりとり」や「ことばみつけ」を通して，言葉の豊かさに気づいている。

● 対応する学習指導要領の項目：(1) イ，ウ　(3) イ

≫主体的に学習に取り組む態度

○言葉遊びを通して語や文字についての関心を高め，平仮名の読み書きに習熟し語彙を増やそうとしている。

学習活動

小単元名	時数	学習活動	学習の過程
ことばあそび①	1	○62 ページ「しりとり」の言葉や絵を見て遊び方を知り，しりとりを続ける。 ・「りす」や「りんご」に続けてしりとりをしたり，新しい言葉でしりとりをしたりして，言葉を考える。 ○63 ページ「ことばみつけ」のやり方を知り，空いた□に合う字を入れ，言葉を作る。	
ことばあそび②	2	○教科書に掲載されたもの以外の「しりとり」や「ことばみつけ」を用意して，それらを解き，言葉を考える。	

| 1年 | 東書 |

教科書【上】：p.64〜67　配当時数：4時間　配当月：6月

あひるの　あくび

到達目標

≫知識・技能

○姿勢や口形，発声や発音に注意して話すことができる。

○平仮名を読み，書くとともに，文や文章の中で使うことができる。

○語のまとまりや言葉の響きなどに気をつけて音読することができる。

≫主体的に学習に取り組む態度　※「主体的に学習に取り組む態度」は方向目標を示しています。

○言葉のリズムを楽しみながら「あひるの　あくび」を音読し，五十音表について理解しようとする。

評価規準

≫知識・技能

○姿勢や口形，発声や発音に注意して「あひるの　あくび」や五十音を音読している。

○平仮名を読み，書くとともに，文や文章の中で使っている。

○語のまとまりや言葉の響き・リズムなどに気をつけて音読している。

　　　　　　　　　　　　　　　　　　　　　　　　　　　● 対応する学習指導要領の項目：(1) イ，ウ，ク

≫主体的に学習に取り組む態度

○言葉のリズムを楽しみながら「あひるの　あくび」を音読し，五十音表について理解している。

学習活動

小単元名	時数	学習活動	学習の過程
あひるの　あくび①	1	○言葉の意味を確かめ，うたの内容を想像したり，リズムを楽しんだりしながら，はっきりとした発音で音読する。	
あひるの　あくび②	2	○「あひるの　あくび」を創作して発表し合う。 ・行の初めと次の言葉は，「あ・か・さ・た・な……」で始まる言葉。 ・行の最後は「あいうえお・かきくけこ……」で終わる。	
あひるの　あくび③	1	○五十音表を，縦に読んだり，横に読んだりする。	

42

| 1年 | 東書 | 教科書【上】：p.68〜69　配当時数：3時間　配当月：6月 |

のばす　おん

到達目標

≫知識・技能

○姿勢や口形，発声や発音に注意して話すことができる。

○長音の表記を理解して文や文章の中で使うことができる。

○身近なことを表す語句の量を増し，話や文章の中で使うとともに，語彙を豊かにすることができる。

≫主体的に学習に取り組む態度　　※「主体的に学習に取り組む態度」は方向目標を示しています。

○長音の読み方や書き方を理解し，正しく読み書きしようとする。

評価規準

≫知識・技能

○姿勢や口形，発声や発音に注意して長音を含む言葉を音読している。

○長音の表記を理解して文や文章の中で使っている。

○身近にある長音を含む言葉を探し，話や文章の中で使うとともに，語彙を豊かにしている。

● 対応する学習指導要領の項目：(1) イ，ウ，オ

≫主体的に学習に取り組む態度

○長音の読み方や書き方を理解し，正しく読み書きしている。

学習活動

小単元名	時数	学習活動	学習の過程
のばす　おん①	2	○68 ページ上段の言葉遊びの詩を読んで，長音の発音と表記を確かめる。 ○68 ページ下段の言葉を比べ，長音の書き方，読み方の違いを確かめる。	
のばす　おん②	1	○長音を含むいろいろな言葉の書き方 (表記の仕方) がわかり，正しく読んだり書いたりする。 ・エ列長音は「え」と表記…「おねえさん」　〈例外〉とけい・せんせい ・オ列長音は「う」と表記…「おとうさん」　〈例外〉おおかみ・こおり	

| 1年 | 東書 |

教科書【上】：p.70〜77　配当時数：6時間　配当月：6月

どう　やって　みを　まもるのかな

主領域　C読むこと　　領域　B書くこと

関連する道徳の内容項目　D自然愛護

到達目標

≫知識・技能
○文の中における主語と述語との関係に気づくことができる。
○事柄の順序など情報と情報との関係について理解することができる。

≫思考・判断・表現
○文章の中の重要な語や文を考えて選び出すことができる。
○事物の仕組みを説明した文章などを読み，わかったことや考えたことを述べる活動ができる。
○文と文との続き方に注意しながら，内容のまとまりがわかるように書き表し方を工夫することできる。

≫主体的に学習に取り組む態度　　※「主体的に学習に取り組む態度」は方向目標を示しています。
○動物の身の守り方を，写真と文を結び付けながら叙述に沿って正しく読み，文章にまとめようとする。

評価規準

≫知識・技能
○各動物を主語として，その守り方が述語となっていることに気づいている。
○体の様子，身の守り方など情報と情報との関係について理解している。
　　　　　　　　　　　　　　　　　　　　　●対応する学習指導要領の項目：(1) カ　(2) ア

≫思考・判断・表現
○体の様子，身の守り方，敵が来たときなど，重要な語や文を考えて選び出している。
○「どう　やって　みを　まもるのかな」を読み，わかったことや考えたことを述べる活動をしている。
　　　　　　　　　　　　　　　　　　　　　●対応する学習指導要領の項目：C (1) ウ　(2) ア
○文と文との続き方に注意しながら，どのようにして敵から身を守っているか，書き表し方を工夫している。
　　　　　　　　　　　　　　　　　　　　　●対応する学習指導要領の項目：B (1) ウ

≫主体的に学習に取り組む態度
○動物の身の守り方を，写真と文を結び付けながら叙述に沿って正しく読み，文章にまとめている。

学習活動

小単元名	時数	学習活動	学習の過程
どう やって みを まもるのかな①	1	○70ページ冒頭の文を読み，まとまりごとにいろいろな身の守り方が書かれていることを確かめる。 ・4つのまとまりに分かれている。	構造と内容の把握
どう やって みを まもるのかな②	3	○場面ごとに，以下の視点で読んでいく。 ・どんな からだを して いるのかな。 ・どう やって みを まもるのかな。 ・てきが きたら どう するのかな。	精査・解釈
どう やって みを まもるのかな③	2	○それぞれの動物について，以下の点についてノートに書く。 ・どんな からだを して いますか。 ・どう やって みを まもりますか。 ・てきが きたら どう しますか。	記述

| 1年 | 東書 | 教科書【上】：p.78〜79　配当時数：3時間　配当月：6月 |

ちいさい　「ゃ」「ゅ」「ょ」

到達目標

≫知識・技能
○姿勢や口形，発声や発音に注意して話すことができる。
○拗音の表記を理解して文や文章の中で使うことができる。
○身近なことを表す語句の量を増し，話や文章の中で使うとともに，語彙を豊かにすることができる。

≫主体的に学習に取り組む態度　※「主体的に学習に取り組む態度」は方向目標を示しています。
○大きい「や・ゆ・よ」と小さい「ゃ・ゅ・ょ」との違いで言葉の読み方や意味が違うことがわかり，拗音を含む言葉を正しく
　読んだり書いたりしようとする。

評価規準

≫知識・技能
○姿勢や口形，発声や発音に注意して，拗音を音読している。
○拗音の大きさや位置を理解して文や文章の中で使っている。
○身近にある拗音を含む言葉を探し，話や文章の中で使うとともに，語彙を豊かにしている。
　　　　　　　　　　　　　　　　　　　　　　　● 対応する学習指導要領の項目：(1) イ，ウ，オ

≫主体的に学習に取り組む態度
○大きい「や・ゆ・よ」と小さい「ゃ・ゅ・ょ」との違いで言葉の読み方や意味が違うことがわかり，拗音を含む言葉を正し
　く読んだり書いたりしている。

学習活動

小単元名	時数	学習活動	学習の過程
ちいさい　「ゃ」「ゅ」「ょ」①	1	○78ページ上段の絵と言葉から，拗音を含む言葉の発音と意味の違いを確かめ，音読をし合う。	
ちいさい　「ゃ」「ゅ」「ょ」②	2	○78ページ下段・79ページの，拗音・拗長音を含む言葉を，手拍子を打ちながら音読する。 ・拗音・拗長音を含む言葉と含まない言葉を正しく読み書きする。 ・横書きの場合の拗音の書く位置を確かめる。	

| 1年 | 東書 |

教科書【上】：p.80～83　配当時数：4時間　配当月：6月

こんな　こと　したよ

主領域　B書くこと

関連する道徳の内容項目　B友情，信頼　C家族愛，家庭生活の充実

到達目標

》知識・技能

○長音，拗音，促音，撥音などの表記，助詞の「は」，「へ」及び「を」の使い方，句読点の打ち方を理解して文や文章の中で使うことができる。

○身近なことを表す語句の量を増し，話や文章の中で使うとともに，語彙を豊かにすることができる。

》思考・判断・表現

○経験したことから書くことを見つけ，必要な事柄を集め，伝えたいことを明確にすることができる。

○文と文との続き方に注意しながら，内容のまとまりがわかるように書き表し方を工夫することができる。

○身近なことや経験したことなど，見聞きしたことを書く活動ができる。

》主体的に学習に取り組む態度　※「主体的に学習に取り組む態度」は方向目標を示しています。

○学校で経験したことから題材を選び，どんなことをしているかを家の人に知らせる文章を書こうとする。

評価規準

》知識・技能

○長音，拗音，促音，撥音などの表記，助詞の「は」，「へ」及び「を」の使い方，句読点の打ち方を理解して文や文章の中で使っている。

○学校での出来事を表す語句の量を増し，文章の中で使い，語彙を豊かにしている。

　　　　　　　　　　　　　　　　　　　●対応する学習指導要領の項目：(1) ウ，オ

》思考・判断・表現

○学校での出来事から書くことを見つけ，必要な事柄を集め，家の人に知らせたいことを明確にしている。

○文と文との続き方に注意しながら，学校での様子がわかるように書き表し方を工夫している。

○身近なことや経験したことなど，見聞きしたことを書く活動をしている。

　　　　　　　　　　　　　　　　　　　●対応する学習指導要領の項目：B (1) ア，ウ　(2) ア

》主体的に学習に取り組む態度

○学校で経験したさまざまなことから題材を選び，したことの様子を家の人に知らせる文章を書いている。

学習活動

小単元名	時数	学習活動	学習の過程
こんな　こと　したよ ①	1	○家の人に知らせるという目的をもって，80ページの挿絵を参考にして，知らせたいことを考える。	題材の設定 情報の収集
こんな　こと　したよ ②	2	○81・82ページの文例を読んで，どのような書き方をすればいいか確かめる。	内容の検討 構成の検討
		○家の人に知らせたいことを，2〜3文程度で書く。	記述
こんな　こと　したよ ③	1	○書いた文章を発表し合い，感想を話し合う。 ・書いた文章を持ち帰り，家の人に読んでもらうようにする。	共有

| 1年 | 東書 | 教科書【上】：p.84〜95　配当時数：6時間　配当月：7月 |

おおきな　かぶ

主領域　C読むこと　　領域　A話すこと・聞くこと

関連する道徳の内容項目　C勤労，公共の精神／国際理解，国際親善

到達目標

≫知識・技能

○語のまとまりや言葉の響きなどに気をつけて音読することができる。

○事柄の順序など情報と情報との関係について理解することができる。

≫思考・判断・表現

○場面の様子に着目して，登場人物の行動を具体的に想像することができる。

○読み聞かせを聞いたり物語などを読んだりして，内容や感想などを伝え合ったり，演じたりする活動ができる。

○伝えたい事柄や相手に応じて，声の大きさや速さなどを工夫することができる。

≫主体的に学習に取り組む態度　　※「主体的に学習に取り組む態度」は方向目標を示しています。

○人物の行動や場面の様子を想像しながら，繰り返しや言葉のリズムのおもしろさを味わい，音読や動作化をしようとする。

評価規準

≫知識・技能

○言葉の繰り返しによるリズムや響きなどに気をつけて音読している。

○登場人物の出てくる順序など場面ごとの関係について理解している。

　　　　　　　　　　　　　　　　　　　　　●対応する学習指導要領の項目：(1) ク　　(2) ア

≫思考・判断・表現

○場面の様子に着目して，登場人物の行動を具体的に想像している。

○教師の読み聞かせを聞いたり，自分で読んだりして，「おおきな　かぶ」の内容や感想などを伝え合ったり，動作化したり
　する活動をしている。

　　　　　　　　　　　　　　　　　　　　　●対応する学習指導要領の項目：C (1) エ　　(2) イ

○登場人物や場面の様子に応じて，声の大きさや速さなどを工夫して音読している。

　　　　　　　　　　　　　　　　　　　　　●対応する学習指導要領の項目：A (1) ウ

≫主体的に学習に取り組む態度

○絵と文章を関連させながら，教師の読み聞かせを聞いたり，自分で読んだりして，捉えた内容や感想を話し合っている。

○各場面の大事な文をおさえ，行動・様子を想像しながら読んでいる。

○好きな場面を選んで，様子が表れるように音読したり動作化したりしている。

学習活動

小単元名	時数	学習活動	学習の過程
おおきな　かぶ①	1	○絵と文章を関連させながら，教師の読み聞かせを聞いたり，自分で読んだりして，捉えた内容や感想を話し合う。 ・話のあらましを捉え，出てくる人物を知る。	構造と内容の把握
おおきな　かぶ②	4	○各場面の大事な文をおさえ，行動・様子を想像しながら読む。	精査・解釈
		・ねずみの力が加わることで抜けたことや，かぶが抜けたときのみんなの気持ちを想像して話し合う。	考えの形成
おおきな　かぶ③	1	○好きな場面を選んで，動作化したり，様子が表れるように音読を工夫したりする。	共有

| 1年 | 東書 |

教科書【上】：p.96〜99　配当時数：5時間　配当月：7月

1年

かぞえうた

到達目標

》知識・技能

○第1学年に配当されている漢字を読み，漸次書き，文や文章の中で使うことができる。

○身近なことを表す語句の量を増し，話や文章の中で使うとともに，語彙を豊かにすることができる。

》主体的に学習に取り組む態度　※「主体的に学習に取り組む態度」は方向目標を示しています。

○ものを数える言葉に気をつけて，漢数字を正しく使ったり読み書きしたりしようとする。

評価規準

》知識・技能

○新しく習う漢字を正しく読んだり書いたりしている。

○身近にある助数詞を見つけ，話や文章の中で使うとともに，語彙を豊かにしている。

● 対応する学習指導要領の項目：(1) エ，オ

》主体的に学習に取り組む態度

○ものによって言い方がわかる助数詞に気をつけて，漢数字を正しく使ったり読み書きしたりしている。

学習活動

小単元名	時数	学習活動	学習の過程
かぞえうた①	2	○96・97ページの「かぞえうた」を音読して，気づいたことを話し合う。 ・「一(ひと)つ」「一(いっ)とう」など，二通りの読み方がある。 ・「とう」「まい」「ひき」……など，いろいろな数え方(助数詞)がある。	
かぞえうた②	3	○98・99ページで，漢数字を学習する。 ・漢数字を，いろいろな読み方に注意して読む。 ・漢数字を，筆順や字形に注意して書く。 ・下段の絵のものを，助数詞に注意して数えたり書いたりする。	

| 1年 | 東書 |

教科書【上】：p.100〜103　配当時数：4時間　配当月：7月

えにっきを　かこう

主領域　B書くこと

関連する道徳の内容項目　A節度，節制　B友情，信頼　D自然愛護

到達目標

≫知識・技能
○言葉には，経験したことを伝える働きがあることに気づくことができる。
○第1学年に配当されている漢字を読み，漸次書き，文や文章の中で使うことができる。

≫思考・判断・表現
○経験したことから書くことを見つけ，必要な事柄を集めたり確かめたりして，伝えたいことを明確にすることができる。
○文と文との続き方に注意しながら，内容のまとまりがわかるように書き表し方を工夫することができる。
○日記を書くなど，思ったことや伝えたいことを書く活動ができる。

≫主体的に学習に取り組む態度　※「主体的に学習に取り組む態度」は方向目標を示しています。
○生活の中で経験したことで，心に残っていることを絵日記に書こうとする。

評価規準

≫知識・技能
○絵日記を書くことで，言葉には，経験したことを伝える働きがあることに気づいている。
○前時で学習した数を表す漢字を絵日記の中で使っている。

● 対応する学習指導要領の項目：(1) ア，エ

≫思考・判断・表現
○今日の出来事から書くことを見つけ，絵日記に書いて，伝えたいことを明確にしている。
○文と文との続き方に注意しながら，内容のまとまりがわかるように書き表し方を工夫して絵日記を書いている。
○絵日記を書くなど，思ったことや伝えたいことを書く活動をしている。

● 対応する学習指導要領の項目：B (1) ア，ウ　(2) イ

≫主体的に学習に取り組む態度
○生活の中で経験したことで，「たのしかった」「うれしかった」「おどろいた」「おもしろかった」「くやしかった」「はじめてした」など心に残っていることを絵日記に書いている。

学習活動

小単元名	時数	学習活動	学習の過程
えにっきを　かこう①	3	○今日あったことの中で心に残っていることを，絵日記に書く。	記述
		・100・101 ページの言葉や絵を参考にする。 ・「たのしかった。」「おどろいた。」「うれしかった。」「どきどきした。」などの出来事をよく思い出す。	話題の設定 情報の収集
		○102・103 ページの例を読み，絵日記の内容と書き方を確かめる。	考えの形成
		・書いた日と自分の名前を書く。 ・文の内容に合った絵をかく。(逆も可)	記述
えにっきを　かこう②	1	○書いた絵日記を掲示したり発表したりして，感想を伝え合う。	共有

| 1年 | 東書 | | 教科書【上】：p.104～105　配当時数：1時間　配当月：7月 |

としょかんは　どんな　ところ

関連する道徳の内容項目　C規則の尊重

到達目標

≫知識・技能
○読書に親しみ，いろいろな本があることを知ることができる。

≫主体的に学習に取り組む態度　※「主体的に学習に取り組む態度」は方向目標を示しています。
○図書館では，みんなが気持ちよく過ごせるように，約束を守って使おうとする。

評価規準

≫知識・技能
○図書館の利用を通して，読書に親しみ，いろいろな本に触れている。

● 対応する学習指導要領の項目：(3) エ

≫主体的に学習に取り組む態度
○図書館のきまりや使い方を知り，みんなが気持ちよく過ごせるように，約束を守って使っている。

学習活動

小単元名	時数	学習活動	学習の過程
としょかんは　どんな　ところ	1	○学校の図書館の様子や約束について確かめる。 ・いろいろな本がある。 ・読んだ本は元の場所に返す。 ・図書館では静かに行動したり，本を読んだりする。 ・本は大切に扱う。 ・なぜ，このような約束があるか，考える。	

| 1年 | 東書 |

教科書【上】：p.106〜109　配当時数：3時間　配当月：9月

あるけ　あるけ／おおきく　なあれ

| 主領域 | C読むこと |

| 関連する道徳の内容項目 | D自然愛護／感動，畏敬の念 |

到達目標

≫知識・技能
○語のまとまりや言葉の響きなどに気をつけて音読することができる。

≫思考・判断・表現
○場面の様子や登場人物の行動など，内容の大体を捉えることができる。

≫主体的に学習に取り組む態度　※「主体的に学習に取り組む態度」は方向目標を示しています。
○詩に描かれた場面の様子を想像しながら，言葉の響きを楽しみ，音読し合おうとする。

評価規準

≫知識・技能
○言葉の繰り返しやリズム・響きなどに気をつけて音読している。

●対応する学習指導要領の項目：(1) ク

≫思考・判断・表現
○登場人物の行動や場面の様子など，内容の大体を捉えている。

●対応する学習指導要領の項目：C (1) イ

≫主体的に学習に取り組む態度
○挿絵も参考に，詩に描かれた場面の様子を想像しながら，繰り返しの表現や言葉の響きを楽しみ，音読し合っている。

学習活動

小単元名	時数	学習活動	学習の過程
あるけ　あるけ／おおきく　なあれ①	1	○教師の読み聞かせを聞いたり，自分で読んだりして，それぞれの詩について，思ったことを発表し合う。	構造と内容の把握
あるけ　あるけ／おおきく　なあれ②	1	○「あるけ　あるけ」を，みんなの気持ちになって，リズムを楽しみながら工夫して音読し合う。	精査・解釈
あるけ　あるけ／おおきく　なあれ③	1	○「おおきく　なあれ」を，ブドウやリンゴの様子を想像しながら，音読し合う。	精査・解釈

| 1年 | 東書 | 教科書【上】：p.110〜113　配当時数：5時間　配当月：9月 |

はなしたいな　ききたいな

主領域　A話すこと・聞くこと

関連する道徳の内容項目　B親切，思いやり／友情，信頼　D自然愛護

到達目標

≫知識・技能

○姿勢や口形，発声や発音に注意して話すことができる。

○丁寧な言葉と普通の言葉との違いに気をつけて使うことができる。

≫思考・判断・表現

○身近なことや経験したことなどから話題を決め，伝え合うために必要な事柄を選ぶことができる。

○伝えたい事柄や相手に応じて，声の大きさや速さなどを工夫することができる。

○話し手が知らせたいことや自分が聞きたいことを落とさないように集中して聞き，話の内容を捉えて感想をもつことができる。

○報告など伝えたいことを話したり，それらを聞いて感想を述べたりする活動ができる。

≫主体的に学習に取り組む態度　※「主体的に学習に取り組む態度」は方向目標を示しています。

○夏休みの思い出発表会を開き，夏休みの出来事の中から伝えたいことを選び，話したり聞いたりしようとする。

評価規準

≫知識・技能

○クラスのみんなを前に，姿勢や口形，発声や発音に注意して話している。

○丁寧な言葉と普通の言葉との違いに気をつけて話している。

● 対応する学習指導要領の項目：(1) イ，キ

≫思考・判断・表現

○夏休みにしたことをみんなに話すために必要な事柄を選んでいる。

○二人で話すとき，クラスのみんなに話すときなどに応じて，声の大きさや速さなどを工夫している。

○話し手が知らせたいことを集中して聞き，話の内容を捉えて感想をもっている。

○夏休みの出来事から伝えたいことを話したり，それらを聞いて感想を述べたりする活動をしている。

● 対応する学習指導要領の項目：A (1) ア，ウ，エ　(2) ア

≫主体的に学習に取り組む態度

○話す内容を考え，二人一組になって話し合いながら詳しく思い出している。

○夏休みの思い出発表会を開き，夏休みの出来事の中から伝えたいことを選び，話したり聞いたりしている。

学習活動

小単元名	時数	学習活動	学習の過程
はなしたいな　ききたいな①	2	○夏休みの出来事を思い出して，みんなに話したいことを考える。 ・110・111 ページの写真も参考にして考える。	話題の設定
		○話す内容を考え，二人一組になって話し合いながら詳しく思い出す。	情報の収集
はなしたいな　ききたいな②	1	○112 ページの例を読んで，話の構成や話し方を確かめる。 ・「はじめ」…したこと ・「中」…そのときの詳しい様子 ・「終わり」…思ったこと	考えの形成
はなしたいな　ききたいな③	2	○夏休みの思い出発表会をし，みんなの前で発表する。	表現
		・発表を聞いて，わからないことやもっと知りたいことを質問する。 ・尋ねられたことには，わかりやすく応答する。 ・話を聞いてよかったところなど感想を言う。	共有

| 1年 | 東書 |

教科書【上】：p.114〜121　配当時数：6時間　配当月：9月

かいがら

主領域　C読むこと　　領域　A話すこと・聞くこと

関連する道徳の内容項目　B親切，思いやり／友情，信頼

到達目標

≫知識・技能
○語のまとまりや言葉の響きなどに気をつけて音読することができる。

≫思考・判断・表現
○場面の様子に着目して，登場人物の行動を具体的に想像することできる。
○読み聞かせを聞いたり物語などを読んだりして，内容や感想などを伝え合う活動ができる。
○互いの話に関心をもち，相手の発言を受けて話をつなぐことができる。

≫主体的に学習に取り組む態度　　※「主体的に学習に取り組む態度」は方向目標を示しています。
○登場人物の行動や気持ちを思いうかべながら，お話を楽しんで音読したり，登場人物の気持ちになって話し合ったりしようとする。

評価規準

≫知識・技能
○「くまのこ」や「うさぎのこ」の気持ちを想像しながら，会話文に気をつけて音読している。
　　　　　　　　　　　　　　　　　　　　　　　　　　　　　● 対応する学習指導要領の項目：(1) ク

≫思考・判断・表現
○それぞれの「日」ごとに，登場人物の行動を具体的に想像している。
○読み聞かせを聞いたり自分で読んだりして，内容や感想などを伝え合う活動をしている。
　　　　　　　　　　　　　　　　　　　　　　　● 対応する学習指導要領の項目：C (1) エ　(2) イ
○友達の発言に関心をもち，その発言を受けて話をつないでいる。
　　　　　　　　　　　　　　　　　　　　　　　　　　　　● 対応する学習指導要領の項目：A (1) オ

≫主体的に学習に取り組む態度
○教師の読み聞かせを聞いたり，自分で読んだりして，「くまのこ」の行動を順に捉えて，あらすじをつかんでいる。
○「かいがら」の登場人物の行動や気持ちを思いうかべながら，お話を楽しんで音読したり，登場人物の気持ちになって話し合ったりしている。

学習活動

小単元名	時数	学習活動	学習の過程
かいがら①	1	○教師の読み聞かせを聞いたり，自分で読んだりして，くまのこの行動を順に捉えて，あらすじをつかむ。 ・全体が2つのまとまりに分かれていることを確かめる。	構造と内容の把握
かいがら②	4	○それぞれのまとまりごとに，くまのこの行動や気持ちを中心に，うさぎのこの気持ちも想像しながら音読する。	精査・解釈
かいがら③	1	○118ページの絵を見て，くまのこやうさぎのこになったつもりで，話し合う。	考えの形成　共有

| 1年 | 東書 | 教科書【上】：p.122～125　配当時数：6時間　配当月：9月 |

ことばあそびうたを　つくろう

主領域　B書くこと

到達目標

知識・技能
○身近なことを表す語句の量を増し，話や文章の中で使うとともに，語彙を豊かにすることができる。
○語のまとまりや言葉の響きなどに気をつけて音読することができる。

思考・判断・表現
○経験したことや想像したことなどから書くことを見つけ，必要な事柄を集めたり確かめたりして，伝えたいことを明確にすることができる。
○文章に対する感想を伝え合い，お互いの文章の内容や表現のよいところを見つけることができる。
○簡単な物語をつくるなど，感じたことや想像したことを書く活動ができる。

主体的に学習に取り組む態度　※「主体的に学習に取り組む態度」は方向目標を示しています。
○いろいろなものの音や様子を思いうかべながら，それらを仲間分けし，自分の「ことばあそびうた」を作ろうとする。

評価規準

知識・技能
○身近なものの音や様子を思いうかべ，「ことばあそびうた」を作って，語彙を豊かにしている。
○音や様子を表す言葉の響きなどに気をつけて音読している。
　　　　　　　　　　　　　　　　　　　　　● 対応する学習指導要領の項目：(1) オ，ク

思考・判断・表現
○いろいろなものの音や様子を思いうかべ，必要な事柄を集めて，「ことばあそびうた」を作っている。
○作った「ことばあそびうた」に対する感想を伝え合い，お互いの内容や表現のよいところを見つけている。
○感じたことを「ことばあそびうた」として書く活動をしている。
　　　　　　　　　　　　　　　　　　　● 対応する学習指導要領の項目：B (1) ア，オ　(2) ウ

主体的に学習に取り組む態度
○いろいろなものの音や様子を思いうかべながら，それらを仲間分けし，自分の「ことばあそびうた」を作っている。

学習活動

小単元名	時数	学習活動	学習の過程
ことばあそびうたを　つくろう①	2	○「たべもの」の詩を暗唱するまで音読する。 ・うかんできた様子を発表し合う。	精査・解釈

| ことばあそびうたを
つくろう② | 4 | ○「たべもの」の詩のオノマトペから，ほかにどんなものが思いう
かんだか発表し合う。 | 内容の検討 |
| | | ○思いうかべたものをつなげて，自分の「ことばあそびうた」を作
り発表する。
・それぞれの「もの」の上位概念を題名にする。 | 共有 |

| 1年 | 東書 | 教科書【上】：p.126〜129　配当時数：5時間　配当月：9月 |

かんじの　はなし

| 主領域 | C読むこと | 領域 | B書くこと |

到達目標

》知識・技能
○第1学年に配当されている漢字を読み，漸次書き，文や文章の中で使うことができる。

》思考・判断・表現
○事柄の順序などを考えながら，内容の大体を捉えることができる。

○語と語の続き方に注意しながら，内容のまとまりがわかるように書き表し方を工夫することができる。

》主体的に学習に取り組む態度　※「主体的に学習に取り組む態度」は方向目標を示しています。
○それぞれの漢字がどのようにできたか，ものの形や印から作られた漢字を確かめようとする。

評価規準

》知識・技能
○新しく習う漢字を正しく読んだり書いたりしている。

● 対応する学習指導要領の項目：(1) エ

》思考・判断・表現
○二種類の漢字のでき方について，内容の大体を捉えている。

● 対応する学習指導要領の項目：C (1) ア

○ものの形や印から作られた漢字を使って，内容のまとまりがわかるように書き表し方を工夫している。

● 対応する学習指導要領の項目：B (1) ウ

》主体的に学習に取り組む態度
○それぞれの漢字がどのようにできたか，ものの形や印から作られた漢字を確かめている。

●

学習活動

小単元名	時数	学習活動	学習の過程
かんじの　はなし①	2	○ものの形からできた漢字 (象形文字) を理解する。	構造と内容の把握
かんじの　はなし②	2	○印を付けることで意味を表す漢字 (指事文字) を理解する。	構造と内容の把握
かんじの　はなし③	1	○学習した漢字を使って，129ページの文章を書く。	考えの形成　記述

| 1年 | 東書 |

教科書【 下 】：p.5〜19　配当時数：10 時間　配当月：9〜10 月

おはなしを　よもう

サラダで　げんき

主領域　C読むこと　　領域　B書くこと

関連する道徳の内容項目　C勤労，公共の精神／家族愛，家庭生活の充実

到達目標

≫知識・技能

○長音，拗音，促音，撥音などの表記，助詞の「は」，「へ」及び「を」の使い方，句読点の打ち方を理解して文や文章の中で使うことができる。

○事柄の順序など情報と情報との関係について理解することができる。

○新しく習う漢字を正しく読んだり書いたりすることができる。

≫思考・判断・表現

○場面の様子や登場人物の行動など，内容の大体を捉えることができる。

○文章の内容と自分の体験とを結び付けて，感想をもつことができる。

○物語を読んで，内容や感想などを伝え合う活動ができる。

○文と文との続き方に注意しながら，内容のまとまりがわかるように書き表し方を工夫することができる。

≫主体的に学習に取り組む態度　※「主体的に学習に取り組む態度」は方向目標を示しています。

○動物たちの出てくる順序に沿って，それぞれがしたこと，言ったことを想像しながら読もうとする。

○教えてあげたいことを考えて，りっちゃんに宛てた手紙を書こうとする。

評価規準

≫知識・技能

○長音，拗音，促音，撥音などの表記，助詞の「は」，「へ」及び「を」の使い方，句読点の打ち方を理解して文や文章の中で使っている。

○動物の出てくる順序と持ってきたものについて理解している。

○新しく習う漢字を正しく読んだり書いたりしている。

　　　　　　　　　　　　　　　　　　　　● 対応する学習指導要領の項目：(1) ウ，エ　　(2) ア

≫思考・判断・表現

○出てくる動物とその動物が持ってきたものなど，内容の大体を捉えている。

○りっちゃんの作ったサラダと自分の体験とを結び付けて，感想をもっている。

○「サラダで　げんき」を読んで，内容や感想などを伝え合う活動をしている。

　　　　　　　　　　　　　　　　　　　　● 対応する学習指導要領の項目：C (1) イ，オ　　(2) イ

○文と文との続き方に注意しながら，りっちゃんに教えてあげたいことがわかるように書き表し方を工夫している。

　　　　　　　　　　　　　　　　　　　　● 対応する学習指導要領の項目：B (1) ウ

≫ 主体的に学習に取り組む態度

○動物たちの出てくる順序に沿って，それぞれがしたこと，言ったことから様子を想像しながら読んでいる。

○サラダに入れるものについて教えてあげたいことを考えて，りっちゃんに宛てた手紙を書いている。

学習活動

小単元名	時数	学習活動	学習の過程
サラダで　げんき①	1	○17〜19ページの「てびき」を読んで，学習のめあてをつかむ。	見通し
サラダで　げんき②	7	○だれがどんなことをしたか確かめる。 ・どんな動物が，どんな順で出てきたか。	構造と内容の把握
		・動物が出てきた場面ごとに，音読する。	精査・解釈
		・動物たちが，りっちゃんにしたことをノートに書く。	精査・解釈 考えの形成
サラダで　げんき③	2	○りっちゃんに手紙を書く。 ・どんなものをサラダに入れるとよいか，教えてあげる。	記述　共有
		○書いた手紙を発表し合って，感想を話し合う。	共有

| 1年 | 東書 | 教科書【下】：p.20〜23　配当時数：3時間　配当月：10月 |

かたかなを　かこう

主領域　B書くこと

到達目標

≫知識・技能
○片仮名を読み，書くとともに，文や文章の中で使うことができる。
○身近なことを表す語句の量を増し，話や文章の中で使うとともに，語彙を豊かにすることができる。

≫思考・判断・表現
○語と語の続き方に注意しながら，内容のまとまりがわかるように書き表し方を工夫することができる。

≫主体的に学習に取り組む態度　※「主体的に学習に取り組む態度」は方向目標を示しています。
○片仮名を，字形や筆順に注意して正しく書き，読もうとする。

評価規準

≫知識・技能
○教科書に出てくる片仮名を読んだり書いたりしている。
○身の回りから片仮名で書く言葉を見つけ，話や文章の中で使うとともに，片仮名で表す語句の量を増し語彙を豊かにしている。

● 対応する学習指導要領の項目：(1) ウ，オ

≫思考・判断・表現
○片仮名で書く言葉を文で使うときには片仮名で書くなど，書き表し方を工夫している。

● 対応する学習指導要領の項目：B (1) ウ

≫主体的に学習に取り組む態度
○片仮名を，字形や筆順に注意して正しく書き，読んでいる。

学習活動

小単元名	時数	学習活動	学習の過程
かたかなを　かこう①	1	○20・21ページにある片仮名の言葉を正しく読み書きしたり，文の中で使ったりする。 ・長音を含む片仮名の言葉の書き方を理解する。 ・拗音・促音を含む片仮名の言葉の書き方を理解する。	考えの形成
かたかなを　かこう②	1	○「アイウエオ」の五十音表（22・23ページ）を縦に音読する。 ・五十音表を，ア段，イ段と順に横に音読する。 ○「ガギグゲゴ」の濁音，半濁音の表（22ページ下段）を音読する。	考えの形成

| かたかなを　かこう③ | 1 | ○23 ページ下段で，促音・拗音・長音を横に書く。
・横書きは，167 ページを参考にする。 | 記述 |

| 1年 | 東書 | 教科書【 下 】：p.24〜29　配当時数：2時間　配当月：10月 |

ほんは　ともだち

関連する道徳の内容項目　A正直，誠実

到達目標

≫知識・技能

○読書に親しみ，いろいろな本があることを知ることができる。

≫主体的に学習に取り組む態度　※「主体的に学習に取り組む態度」は方向目標を示しています。

○いろいろな本を読む楽しさに気づき，自分が読みたい本を探して読もうとする。

評価規準

≫知識・技能

○読書に親しみ，いろいろな本に触れている。

● 対応する学習指導要領の項目：(3) エ

≫主体的に学習に取り組む態度

○いろいろな本を読む楽しさに気づき，自分が読みたい本を探して読んでいる。

学習活動

小単元名	時数	学習活動	学習の過程
ほんは　ともだち①	1	○「はじめて　よんだ　ほん」の文章を読み，本を読む楽しさについて話し合う。	
ほんは　ともだち②	1	○24〜29ページから，読みたい本を探して読む。 ・角野栄子さんが書いた本，角野さんお薦めの本，「一ねんせいのほんだな」の本など	

| 1年 | 東書 |

教科書【下】：p.30〜35　配当時数：6時間　配当月：10月

なにに　見えるかな

| 主領域 | A話すこと・聞くこと

到達目標

≫知識・技能

○姿勢や口形，発声や発音に注意して話すことができる。

○新しく習う漢字を正しく読んだり書いたりすることができる。

≫思考・判断・表現

○互いの話に関心をもち，相手の発言を受けて話をつなぐことができる。

○尋ねたり応答したりするなどして，少人数で話し合う活動ができる。

≫主体的に学習に取り組む態度　　※「主体的に学習に取り組む態度」は方向目標を示しています。

○教師や友達と話し，相づちを打ったり，聞いた言葉を繰り返したりして，相手の話を受け止めようとする。

評価規準

≫知識・技能

○姿勢や口形，発声や発音に注意して話している。

○新しく習う漢字を正しく読んだり書いたりしている。

　　　　　　　　　　　　　　　　　　　　　　　　　　●対応する学習指導要領の項目：(1) イ，エ

≫思考・判断・表現

○相手の話に関心をもち，相手の発言を受けて話をつないでいる。

○尋ねたり応答したりするなどして，少人数で話し合う活動をしている。

　　　　　　　　　　　　　　　　　　　　　　　　　　●対応する学習指導要領の項目：A (1) オ　　(2) イ

≫主体的に学習に取り組む態度

○教師や友達と話し，相づちを打ったり，聞いた言葉を繰り返したりして相手の話を受け止め，話を楽しくつないでいる。

学習活動

小単元名	時数	学習活動	学習の過程
なにに　見えるかな①	2	○30・31ページの写真を見て，何に見えるか考える。	考えの形成
		○32・33ページの教師との話し合いを読んで，つなぐ言葉を確かめる。 ・相づち，聞いた言葉を繰り返すなどのやり方を確かめる。 ○34・35ページの，友達との話し合いを読んで，つなぐ言葉を確かめる。	話し合いの進め方の検討

| なにに　見えるかな② | 4 | ○30・31 ページの葉っぱや木の実が何に見えたか，教師や友達と話し，楽しく話をつなぐ。 | 共有 |

| 1年 | 東書 | 教科書【下】：p.36〜37　配当時数：3時間　配当月：10月 |

よう日と　日づけ

主領域　B書くこと

到達目標

≫知識・技能
○第1学年に配当されている漢字を読み，漸次書き，文や文章の中で使うことができる。
○身近なことを表す語句の量を増し，話や文章の中で使うとともに，語彙を豊かにすることができる。

≫思考・判断・表現
○語と語の続き方に注意しながら，内容のまとまりがわかるように書き表し方を工夫することができる。

≫主体的に学習に取り組む態度　※「主体的に学習に取り組む態度」は方向目標を示しています。
○曜日と日付の言い方や漢字表記を理解し，正しく読み書きしようとする。

評価規準

≫知識・技能
○新しく習う漢字を正しく読んだり書いたりしている。
○曜日と日付を表す語句を覚え，話や文章の中で使っている。

●対応する学習指導要領の項目：(1) エ，オ

≫思考・判断・表現
○曜日と日付の書き表し方を工夫している。

●対応する学習指導要領の項目：B (1) ウ

≫主体的に学習に取り組む態度
○曜日と日付の言い方や漢字表記を理解し，正しく読み書きしている。

学習活動

小単元名	時数	学習活動	学習の過程
よう日と　日づけ①	2	○36ページの曜日の唱え歌を音読する。	考えの形成
		・曜日の漢字の書き方を知り，筆順に気をつけて正しく書く。 ・カレンダーを見ながら，曜日の書き方や読み方を覚える。	記述
よう日と　日づけ②	1	○特別な呼び方をする日付のあることを知る。	考えの形成
		・特別な呼び方の日付を正しく読み書きできるように練習する。	記述

| 1年 | 東書 |

教科書【下】：p.38〜41　配当時数：8時間　配当月：10月

はっけんしたよ

主領域　B書くこと

関連する道徳の内容項目　D自然愛護

到達目標

≫知識・技能
○長音，拗音，促音，撥音などの表記，助詞の「は」，「へ」及び「を」の使い方，句読点の打ち方を理解して文や文章の中で使うことができる。
○身近なことを表す語句の量を増し，話や文章の中で使うとともに，語彙を豊かにすることができる。
○新しく習う漢字を正しく読んだり書いたりすることができる。

≫思考・判断・表現
○経験したことから書くことを見つけ，必要な事柄を集めたり確かめたりして，伝えたいことを明確にすることができる。
○自分の思いや考えが明確になるように，事柄の順序に沿って簡単な構成を考えることができる。
○文と文との続き方に注意しながら，内容のまとまりがわかるように書き表し方を工夫することができる。
○観察したことを記録するなど，見聞きしたことを書く活動ができる。

≫主体的に学習に取り組む態度　※「主体的に学習に取り組む態度」は方向目標を示しています。
○身の回りの生き物の様子をよく見て書いた「はっけんメモ」をもとに，様子が伝わるように文章を書き，友達に知らせようとする。

評価規準

≫知識・技能
○長音，拗音，促音，撥音などの表記，助詞の「は」，「へ」及び「を」の使い方，句読点の打ち方を理解して文や文章の中で使っている。
○身の回りの生き物の，色，形，大きさ，動き，触感，出している音など様子を表す言葉を話や文章の中で使い，語彙を豊かにしている。
○新しく習う漢字を正しく読んだり書いたりしている。

● 対応する学習指導要領の項目：(1) ウ，エ，オ

≫思考・判断・表現
○身の回りの生き物の様子から，よく見て気づいたことなど，友達に伝えたいことを明確にしている。
○色，形，大きさ，動きなど，事柄の順序に沿って簡単な構成を考えている。
○文と文との続き方に注意しながら，生き物の様子が明確になるように書き表し方を工夫している。
○観察したことを記録するなど，見聞きしたことを書く活動をしている。

● 対応する学習指導要領の項目：B (1) ア，イ，ウ　(2) ア

≫主体的に学習に取り組む態度

○身の回りの生き物の様子をよく見て気づいたことを「はっけんメモ」に書き，それをもとに，様子が伝わるように文章を書き，友達に知らせている。

学習活動

小単元名	時数	学習活動	学習の過程
はっけんしたよ①	2	○38〜41 ページを読み，学習のめあてと活動の流れを捉える。 ・身の回りの動植物の様子をよく見て，発見したことを文章に書く。	見通し
		・39 ページ「はっけんメモ」の例と，40・41 ページの文例とを比べながら，文章の書き方を知る。	題材の設定 情報の収集
はっけんしたよ②	2	○身の回りの生き物などをよく観察し，気づいたこと，発見したことを，「はっけんメモ」に書く。	題材の設定 情報の収集
はっけんしたよ③	4	○「はっけんメモ」をもとにして，文章を書く。 ・「いつ，どこで，何を」発見したのかを書く。 ・生き物をよく見て気づいたことを，詳しく書く。 ・終わりに，思ったことを書く。	記述

| 1年 | 東書 | 教科書【下】：p.43〜53　配当時数：13時間　配当月：10〜11月 |

のりものの　ことを　しらべよう

いろいろな　ふね

主領域　C読むこと　　領域　B書くこと

到達目標

≫知識・技能

○事柄の順序など情報と情報との関係について理解することができる。

○新しく習う漢字を正しく読んだり書いたりすることができる。

≫思考・判断・表現

○事柄の順序などを考えながら，内容の大体を捉えることができる。

○文章の中の重要な語や文を考えて選び出すことができる。

○学校図書館などを利用し，図鑑などを読み，わかったことなどを説明する活動ができる。

○文と文との続き方に注意しながら，内容のまとまりがわかるように書き表し方を工夫することができる。

≫主体的に学習に取り組む態度　　※「主体的に学習に取り組む態度」は方向目標を示しています。

○いろいろな種類の船について，「やく目」「つくり」「できる　こと」について正しく読み取ろうとする。

○好きな乗り物についての本を読み，調べたことをカードにまとめようとする。

評価規準

≫知識・技能

○いろいろな船とその「やく目」や「つくり」との関係について理解している。

○新しく習う漢字を正しく読んだり書いたりしている。

　　　　　　　　　　　　　　　　　　　　　　●対応する学習指導要領の項目：(1) エ　　(2) ア

≫思考・判断・表現

○「いろいろな　ふね」を読みながら，内容の大体を捉えている。

○それぞれの船の「やく目」「つくり」「できる　こと」を選び出している。

○学校図書館などを利用し，図鑑などで好きな乗り物のことを調べ，わかったことを説明する活動をしている。

　　　　　　　　　　　　　　　　　　　　●対応する学習指導要領の項目：C (1) ア，ウ　　(2) ウ

○文と文との続き方に注意しながら，ほかの乗り物の「やく目」「つくり」「できる　こと」などの書き表し方を工夫している。

　　　　　　　　　　　　　　　　　　　　　　　　●対応する学習指導要領の項目：B (1) ウ

≫主体的に学習に取り組む態度

○いろいろな種類の船について，「やく目」「つくり」「できる　こと」について正しく読み取っている。

○好きな乗り物についての本を読み，調べたことをカードにまとめている。

学習活動

小単元名	時数	学習活動	学習の過程
いろいろな　ふね①	2	○49〜52 ページの「てびき」を読んで，学習のめあてをつかむ。	見通し
		○出てきた船を，順に答える。	構造と内容の把握
いろいろな　ふね②	6	○出てきた船がどんな船か，次の3点に分けてカードにまとめる。 ・「やく目」「つくり」「できる　こと」(51 ページを参考にする。)	精査・解釈
いろいろな　ふね③	5	○ほかの乗り物のことを調べて，同じようにカードに書き，友達と読み合う。	考えの形成　記述　共有

| 1年 | 東書 | 教科書【下】：p.54〜55　配当時数：3時間　配当月：11月 |

まとめて　よぶ　ことば

主領域　B書くこと

到達目標

》知識・技能
○言葉には意味による語句のまとまりがあることに気づき，語彙を豊かにすることができる。

》思考・判断・表現
○語と語の続き方に注意しながら，内容のまとまりがわかるように書き表し方を工夫することができる。

》主体的に学習に取り組む態度　※「主体的に学習に取り組む態度」は方向目標を示しています。
○下位概念語と上位概念語との関係を理解しようとする。

評価規準

》知識・技能
○個々のものを表す言葉と，それらを同じ仲間としてまとめる言葉があることに気づき，語彙を豊かにしている。
● 対応する学習指導要領の項目：(1) オ

》思考・判断・表現
○語と語の関係に注意しながら，同じ仲間のものをまとめてよぶ言葉の書き表し方を工夫している。
● 対応する学習指導要領の項目：B (1) ウ

》主体的に学習に取り組む態度
○個々のものを表す言葉と，それらの中で同じ仲間のものをまとめて呼ぶ言葉との関係を理解している。

学習活動

小単元名	時数	学習活動	学習の過程
まとめて　よぶ　ことば	3	○54・55ページを読み，下位概念語と上位概念語を理解する。	考えの形成
		・「のりもの」には，教科書にある以外にどんなものがあるか。 ・「メロン」「みかん」「いちご」をまとめてよぶ言葉は何か。 ・「がっき」にはどんなものがあるか。	考えの形成　記述

75

| 1年 | 東書 |

教科書【下】：p.56〜59　配当時数：5時間　配当月：11月

すきな　きょうかは　なあに

| 主領域 | A話すこと・聞くこと | 領域 | B書くこと |

到達目標

≫知識・技能

○言葉には，経験したことを伝える働きがあることに気づくことができる。

○事柄の順序など情報と情報との関係について理解することができる。

○新しく習う漢字を正しく読んだり書いたりすることができる。

≫思考・判断・表現

○相手に伝わるように，経験したことに基づいて，話す事柄の順序を考えることができる。

○伝えたい事柄や相手に応じて，声の大きさや速さなどを工夫することができる。

○紹介するなど伝えたいことを話したり，それらを聞いて確かめたりする活動ができる。

○語と語との続き方に注意しながら，内容のまとまりがわかるように書き表し方を工夫することができる。

≫主体的に学習に取り組む態度　※「主体的に学習に取り組む態度」は方向目標を示しています。

○好きな教科を2つ選び，好きなわけや話す順序を考えて，みんなの前ではっきり話そうとする。

評価規準

≫知識・技能

○好きな教科を話すことで，言葉には，経験したことを伝える働きがあることに気づいている。

○どちらから話すかなど，2つの教科の関係について理解している。

○新しく習う漢字を正しく読んだり書いたりしている。

● 対応する学習指導要領の項目：(1) ア，エ　(2) ア

≫思考・判断・表現

○みんなに伝わるように，好きな教科について，話す事柄の順序を考えている。

○隣同士で話すとき，みんなの前で話すときに，それぞれ声の大きさや速さなどを工夫している。

○伝えたいことを話したり，それらを聞いて確かめたりする活動をしている。

● 対応する学習指導要領の項目：A (1) イ，ウ　(2) ア

○語と語との続き方に注意しながら，書き表し方を工夫してみんなに話す内容をメモしている。

● 対応する学習指導要領の項目：B (1) ウ

≫主体的に学習に取り組む態度

○好きな教科を2つ選び，好きなわけや順序を考えて，みんなの前ではっきり話している。

76

学習活動

小単元名	時数	学習活動	学習の過程
すきな きょうかは なあに①	1	○56〜59ページを読み，学習のめあてと活動の流れを捉える。 ・好きな教科を2つ選んでみんなの前で話す。	見通し
すきな きょうかは なあに②	2	○自分の好きな教科を2つ選ぶ。	題材の設定
		○順序よく話すため，次の点について，隣の友達と話し合い，メモしておく。 ・何から話すか。 ・1つずつ話す。わけも話す。 ・まとまりを表す言葉を使う。「一つ目は〜」「二つ目は〜」	考えの形成
すきな きょうかは なあに③	2	○メモをもとにみんなの前で話す。	表現　共有

| 1年 | 東書 | | 教科書【下】：p.60〜61　配当時数：3時間　配当月：11月 |

ことばで　あそぼう

到達目標

≫知識・技能
○長く親しまれている言葉遊びを通して，言葉の豊かさに気づくことができる。

≫主体的に学習に取り組む態度　　※「主体的に学習に取り組む態度」は方向目標を示しています。
○回文・だじゃれ・アナグラムなど，昔からある言葉遊びを楽しみ，自分でも作ろうとする。

評価規準

≫知識・技能
○長く親しまれている言葉遊びを通して，言葉の豊かさに気づいている。

ーーーーーーーーーーーーーーーーーーーーーーーーーーーーー● 対応する学習指導要領の項目：(3) イ

≫主体的に学習に取り組む態度
○回文・だじゃれ・アナグラムなど，昔からある言葉遊びを楽しみ，自分でも作っている。

学習活動

小単元名	時数	学習活動	学習の過程
ことばで　あそぼう①	1	○60・61 ページの，「さかさまに　よんでも」「だじゃれ」「わたしは　だあれ」を繰り返し音読する。 ○それぞれについて，気がついたことやおもしろいところを発表し合う。	
ことばで　あそぼう②	2	○自分たちでも作って，お互いに読み合う。	

| 1年 | 東書 | 教科書【下】：p.62〜65　配当時数：9時間　配当月：11月 |

おもい出して　かこう

| 主領域 | B書くこと |

| 関連する道徳の内容項目 | Cよりよい学校生活，集団生活の充実 |

到達目標

≫知識・技能

○かぎ（「　」）の使い方を理解して文や文章の中で使うことができる。

○事柄の順序など情報と情報との関係について理解することができる。

○新しく習う漢字を正しく読んだり書いたりすることができる。

≫思考・判断・表現

○自分の思いや考えが明確になるように，事柄の順序に沿って簡単な構成を考えることができる。

○文と文との続き方に注意しながら，内容のまとまりがわかるように書き表し方を工夫することができる。

○文章を読み返す習慣を付けるとともに，間違いを正したり，語と語や文と文との続き方を確かめたりすることができる。

○身近なことや経験したことを報告するなど，見聞きしたことを書く活動ができる。

≫主体的に学習に取り組む態度　※「主体的に学習に取り組む態度」は方向目標を示しています。

○学校や家でしたことを，教師や友達に伝えるために，詳しく思い出して，したことの順に文章を書こうとする。

評価規準

≫知識・技能

○かぎ（「　」）の使い方を理解して文や文章の中で使っている。

○事柄の順序など，したこととしたこととの関係について理解している。

○新しく習う漢字を正しく読んだり書いたりしている。

●対応する学習指導要領の項目：(1) ウ，エ　　(2) ア

≫思考・判断・表現

○自分のしたことが明確になるように，事柄の順序に沿って簡単な構成を考えている。

○したことの順に，内容のまとまりがわかるように書き表し方を工夫している。

○文章を読み返す習慣を付けるとともに，間違いを正したり，語と語や文と文との続き方を確かめたりしている。

○学校や家で経験したことを書く活動をしている。

●対応する学習指導要領の項目：B (1) イ，ウ，エ　　(2) ア

≫主体的に学習に取り組む態度

○学校や家でしたことを，教師や友達に伝えるために，詳しく思い出して，したことの順に文章を書いている。

学習活動

小単元名	時数	学習活動	学習の過程
おもい出して　かこう　①	2	○62 ページを読んで，学習のめあてをつかむ。	見通し
		○63・64 ページの文例を参考にして，自分の書きたいことを決める。	題材の選定
おもい出して　かこう　②	5	○したことを詳しく思い出して，順序よく書く書き方を確かめる。 ・したことや気持ちをよく思い出す。 ・順序を表す言葉 (はじめに・それから・つぎに，など) を使って書く。 ・会話は「　」をつける。	内容の検討 考えの形成　記述　推敲
おもい出して　かこう　③	2	○書き終わったら声に出して読み，友達にも聞いてもらう。	共有

| 1年 | 東書 | 教科書【下】：p.67〜81　配当時数：12時間　配当月：11〜12月 |

こえに　出して　よもう

おとうとねずみ　チロ

主領域　C読むこと　　領域　A話すこと・聞くこと

関連する道徳の内容項目　B感謝

到達目標

≫知識・技能
○身近なことを表す語句の量を増し，話や文章の中で使うとともに，語彙を豊かにすることができる。
○語のまとまりや言葉の響きなどに気をつけて音読することができる。
○新しく習う漢字を正しく読んだり書いたりすることができる。

≫思考・判断・表現
○場面の様子に着目して，登場人物の行動を具体的に想像することができる。
○文章を読んで感じたことやわかったことを共有することができる。
○物語などを読んで，内容や感想などを伝え合う活動ができる。
○互いの話に関心をもち，相手の発言を受けて話をつなぐことができる。

≫主体的に学習に取り組む態度　　※「主体的に学習に取り組む態度」は方向目標を示しています。
○3匹のねずみの兄弟の様子や気持ちを思いうかべながら読もうとする。
○チロの気持ちを考えて音読しようとする。

評価規準

≫知識・技能
○チロの気持ちを考えることで，身近なことを表す語句の量を増し，話や文章の中で使うとともに，語彙を豊かにしている。
○チロの気持ちに気をつけて音読している。
○新しく習う漢字を正しく読んだり書いたりしている。
　　　　　　　　　　　　　　　　　　　　　　　　　● 対応する学習指導要領の項目：(1) エ，オ，ク

≫思考・判断・表現
○場面の様子に着目して，ねずみの兄弟たちの行動を具体的に想像している。
○チロの気持ちを考えて音読し合い，感じたことなどを共有している。
○「おとうとねずみ　チロ」を読んで，内容や感想などを伝え合う活動をしている。
　　　　　　　　　　　　　　　　　　　　　● 対応する学習指導要領の項目：C (1) エ，カ　(2) イ
○互いの話に関心をもち，相手の発言を受けて話をつないでいる。
　　　　　　　　　　　　　　　　　　　　　　　　　● 対応する学習指導要領の項目：A (1) オ

≫主体的に学習に取り組む態度
○3匹のねずみがしたことを確かめている。
○3匹のねずみの兄弟の様子や気持ちを思いうかべながら読んでいる。
○チロの気持ちを考えて音読している。

学習活動

小単元名	時数	学習活動	学習の過程
おとうとねずみ　チロ①	1	○77〜80 ページの「てびき」を読んで，学習のめあてをつかむ。	見通し
おとうとねずみ　チロ②	4	○人物がしたことを確かめる。 ・どんな人物が出てくるか。	構造と内容の把握
		・その人物はどんなことをしたか，したことがわかる言葉を見つける。	精査・解釈
おとうとねずみ　チロ③	5	○チロの気持ちを考える。 ・チロの様子がわかる言葉を見つける。	精査・解釈
		・78 ページのそれぞれの場面でのチロの気持ちを考える。	考えの形成
おとうとねずみ　チロ④	2	○声に出して音読する。 ・チロになったつもりで音読する。	考えの形成
		・友達と読み合い，思ったことを伝え合う。	共有
		○81 ページ「こんな本もいっしょに」を参考にして，他の本に読み広げる。	

| 1年 | 東書 |

教科書【下】：p.82〜85　配当時数：7時間　配当月：12月

すきな　おはなしは　なにかな

| 主領域 | C読むこと | 領域 | B書くこと |

到達目標

》知識・技能

○読書に親しみ，いろいろな本があることを知ることができる。

》思考・判断・表現

○文章を読んで感じたことやわかったことを共有することができる。

○物語などを読んで，内容や感想などを伝え合う活動ができる。

○経験したことなどから書くことを見つけ，必要な事柄を集めたり確かめたりして，伝えたいことを明確にすることができる。

》主体的に学習に取り組む態度　※「主体的に学習に取り組む態度」は方向目標を示しています。

○いちばん好きなお話とその中に出てくる好きな人物を，「しょうかいカード」に書いて友達に紹介しようとする。

評価規準

》知識・技能

○読書に親しみ，いろいろな本に触れている。

●対応する学習指導要領の項目：(3) エ

》思考・判断・表現

○いちばん好きなお話を「しょうかいカード」に書き，友達と共有している。

○物語などを読んで，内容や感想などを伝え合う活動をしている。

●対応する学習指導要領の項目：C (1) カ　(2) イ

○読んだお話から，好きな話とそこに出てくる好きな人物について，伝えたいことを「しょうかいカード」に書いている。

●対応する学習指導要領の項目：B (1) ア

》主体的に学習に取り組む態度

○いちばん好きなお話とその中に出てくる好きな人物を，「しょうかいカード」に書いて友達に紹介している。

学習活動

小単元名	時数	学習活動	学習の過程
すきな　おはなしは　なにかな①	1	○家や学校で読んだお話で，いちばん好きなお話を思い出す。	話題の設定 情報の収集

すきな　おはなしは なにかな②	4	○「しょうかいカード」を書く。 ・その話に出てくる中でどの人物が好きか，また，どんなところが 　好きかを書く。 ・83 ページ下段「しょうかいカード」の例を参考にする。	考えの形成　記述
すきな　おはなしは なにかな③	2	○友達と「しょうかいカード」を交換して，読み合う。	共有
		○85 ページ「一年生の本だな」を参考にして，他の本に読み広げる。	

| 1年 | 東書 | 教科書【下】：p.86～87　配当時数：2時間　配当月：1月 |

しを　よもう

みみずの　たいそう

| 主領域 | C読むこと |

| 関連する道徳の内容項目 | D自然愛護 |

到達目標

≫知識・技能

○語のまとまりや言葉の響きなどに気をつけて音読することができる。

≫思考・判断・表現

○場面の様子や登場人物の行動など，内容の大体を捉えることができる。

○詩を読んで，内容や感想などを伝え合う活動ができる。

≫主体的に学習に取り組む態度　　※「主体的に学習に取り組む態度」は方向目標を示しています。

○韻や繰り返しによる言葉の響きを楽しみ，イメージを広げながら音読を楽しもうとする。

評価規準

≫知識・技能

○韻や繰り返しによる言葉の響きなどに気をつけて音読している。

対応する学習指導要領の項目：(1) ク

≫思考・判断・表現

○体操で跳ね回るみみずの行動など，内容の大体を捉えている。

○詩を読んで，内容や感想などを伝え合う活動をしている。

対応する学習指導要領の項目：C (1) イ　　(2) イ

≫主体的に学習に取り組む態度

○韻や繰り返しによる言葉の響きを楽しみ，イメージを広げながら音読を楽しんでいる。

学習活動

小単元名	時数	学習活動	学習の過程
みみずの　たいそう①	1	○繰り返し音読し，おもしろいところや気がついたことを発表する。 ・挿絵も重ねてイメージする。	精査・解釈
みみずの　たいそう②	1	○一斉読み，部分を分けての役割読みなど，読み方を工夫して音読し合う。	共有

| 1年 | 東書 |

教科書【下】：p.88〜91　配当時数：6時間　配当月：1月

つたえたい　ことのは

むかしばなしを　たのしもう

主領域　C読むこと

関連する道徳の内容項目　C伝統と文化の尊重，国や郷土を愛する態度

到達目標

≫知識・技能

○昔話や神話・伝承などの読み聞かせを聞くなどして，我が国の伝統的な言語文化に親しむことができる。

○新しく習う漢字を正しく読んだり書いたりすることができる。

≫思考・判断・表現

○文章を読んで感じたことやわかったことを共有することができる。

○読み聞かせを聞いたり物語などを読んだりして，内容や感想などを伝え合ったり，演じたりする活動ができる。

≫主体的に学習に取り組む態度　※「主体的に学習に取り組む態度」は方向目標を示しています。

○昔話の読み聞かせを聞いたり，自分で読みたい昔話を選んで読んだりして楽しもうとする。

評価規準

≫知識・技能

○昔話の読み聞かせを聞くなどして，我が国の伝統的な言語文化に親しんでいる。

○新しく習う漢字を正しく読んだり書いたりしている。

●対応する学習指導要領の項目：(1) エ　(3) ア

≫思考・判断・表現

○昔話を読んで感じたことやわかったことを共有し合っている。

○読み聞かせを聞いたり物語を読んだりして，内容や感想などを伝え合う活動をしている。

●対応する学習指導要領の項目：C (1) カ　(2) イ

≫主体的に学習に取り組む態度

○知っている昔話を話し合っている。

○歌になっている昔話を集めて，歌っている。

○昔話の読み聞かせを聞いたり，自分で読みたい昔話を選んで読んだりして楽しんでいる。

学習活動

小単元名	時数	学習活動	学習の過程
むかしばなしを　たのしもう①	2	○88・89ページの絵を見て，どんな昔話があるか出し合い，大体の内容を話し合う。 ・さるかに合戦，笠地蔵，ねずみの嫁入り，金太郎，ぶんぶく茶釜，かちかち山，舌切り雀，おむすびころりん，一寸法師，浦島太郎，花さかじいさん，桃太郎，かぐや姫，鴨取りごんべえ，鶴の恩返しなど。	構造と内容の把握
むかしばなしを　たのしもう②	1	○「花さかじいさん」（142〜151ページ）の読み聞かせを聞き，感想を話し合う。	精査・解釈
むかしばなしを　たのしもう③	1	○歌になっている昔話を集めて，歌ってみる。 ・花さかじいさん，桃太郎，浦島太郎，金太郎など。	精査・解釈
むかしばなしを　たのしもう④	2	○図書館で昔話を探し，読んでもらったり，自分で読んだりして，おもしろかったところなどを友達と教え合う。	考えの形成　共有

| 1年 | 東書 |

教科書【下】：p.92〜97　配当時数：9時間　配当月：1月

おはなしを　かこう

| 主領域 | B書くこと |

到達目標

≫知識・技能

○長音，拗音，促音，撥音などの表記，助詞の「は」，「へ」及び「を」の使い方，句読点の打ち方，かぎ（「　」）の使い方を理解して文や文章の中で使うことができる。

○第1学年に配当されている漢字を読み，漸次書き，文や文章の中で使うことができる。

○新しく習う漢字を正しく読んだり書いたりすることができる。

≫思考・判断・表現

○経験したことや想像したことなどから書くことを見つけ，必要な事柄を集めたり確かめたりして，伝えたいことを明確にすることができる。

○文と文との続き方に注意しながら，内容のまとまりがわかるように書き表し方を工夫することができる。

○文章に対する感想を伝え合い，文章の内容や表現のよいところを見つけることができる。

○簡単な物語をつくるなど，感じたことや想像したことを書く活動ができる。

≫主体的に学習に取り組む態度　※「主体的に学習に取り組む態度」は方向目標を示しています。

○昔話をもとに，登場人物や出来事を考え，自分だけのお話を書こうとする。

評価規準

≫知識・技能

○長音，拗音，促音，撥音などの表記，助詞の「は」，「へ」及び「を」の使い方，句読点の打ち方，かぎ（「　」）の使い方を理解してお話を書く中で使っている。

○これまでに習った漢字を使ってお話を書いている。

○新しく習う漢字を正しく読んだり書いたりしている。

●対応する学習指導要領の項目：(1) ウ，エ

≫思考・判断・表現

○昔話をもとに登場人物を考え，どんなことをしたかなどを考えて，お話を明確にしている。

○文と文との続き方に注意しながら，お話のまとまりがわかるように書き表し方を工夫している。

○お話に対する感想を伝え合い，内容や表現のよいところを見つけている。

○簡単な物語をつくるなど，想像したことを書く活動をしている。

●対応する学習指導要領の項目：B (1) ア，ウ，オ　(2) ウ

≫主体的に学習に取り組む態度

○昔話をもとに，登場人物や出来事を考え，自分だけのお話を書いている。

学習活動

小単元名	時数	学習活動	学習の過程
おはなしを　かこう①	1	○「昔話をもとにしてお話を書く」というめあてと，学習の流れを確かめる。	見通し
おはなしを　かこう②	2	○昔話を参考に，お話に出てくる人物を考える。 ・なんという名前か，どんな人物か，など。	題材の設定 情報の収集
おはなしを　かこう③	4	○その人物がどんなことをするのか考え，お話を書く。 ・その人物の得意なこと，できること，好きなことなど。 ・94・95ページの「かぼちゃたろう」を参考にする。	内容の検討　記述
おはなしを　かこう④	2	○書いたお話を友達と読み合う。 ・楽しかったところや好きなところなどを発表し合う。	共有

| 1年 | 東書 |

教科書【下】：p.98〜99　配当時数：3時間　配当月：1月

かたかなの　かたち

主領域　B書くこと

到達目標

≫知識・技能
○平仮名及び片仮名を読み，書くとともに，文や文章の中で使うことができる。
○身近なことを表す語句の量を増し，話や文章の中で使うとともに，語彙を豊かにすることができる。

≫思考・判断・表現
○語と語の続き方に注意しながら，内容のまとまりがわかるように書き表し方を工夫することができる。

≫主体的に学習に取り組む態度　※「主体的に学習に取り組む態度」は方向目標を示しています。
○平仮名と似た形の片仮名や，同じような形の片仮名に気をつけて，正しく読んだり書いたりしようとする。

評価規準

≫知識・技能
○平仮名及び片仮名を読んだり，文や文章の中で使ったりしている。
○同じような形の片仮名に気をつけて語句の量を増し，話や文章の中で使うとともに，語彙を豊かにしている。
　　　　　　　　　　　　　　　　　　　　　　　　　● 対応する学習指導要領の項目：(1) ウ，オ

≫思考・判断・表現
○片仮名の形に注意しながら，語のまとまりがわかるように書き表し方を工夫している。
　　　　　　　　　　　　　　　　　　　　　　　　　● 対応する学習指導要領の項目：B (1) ウ

≫主体的に学習に取り組む態度
○平仮名と似た形の片仮名や，同じような形の片仮名に気をつけて，正しく読んだり書いたりしている。

学習活動

小単元名	時数	学習活動	学習の過程
かたかなの　かたち①	1	○平仮名と似ている片仮名を確かめる。	考えの形成　記述
かたかなの　かたち②	2	○同じような形の片仮名に気をつけて書く。 ・書き方の違いを確かめる。	考えの形成　記述

| 1年 | 東書 |

教科書【下】：p.101〜111　配当時数：14時間　配当月：1〜2月

くらべて　よもう

子どもを　まもる　どうぶつたち

| 主領域 | C読むこと　| 領域 | B書くこと

| 関連する道徳の内容項目 | D生命の尊さ／自然愛護

到達目標

》知識・技能
○語のまとまりや言葉の響きなどに気をつけて音読することができる。
○共通，相違など情報と情報との関係について理解することができる。
○新しく習う漢字を正しく読んだり書いたりすることができる。

》思考・判断・表現
○文章の中の重要な語や文を考えて選び出すことができる。
○文章を読んで感じたことやわかったことを共有することができる。
○事物の仕組みを説明した文章などを読み，わかったことや考えたことを述べる活動ができる。
○経験したことや想像したことなどから書くことを見つけ，必要な事柄を集めたり確かめたりして，伝えたいことを明確にすることができる。

》主体的に学習に取り組む態度　※「主体的に学習に取り組む態度」は方向目標を示しています。
○動物の子どもの守り方を比べることで，似ているところや違うところが見つけやすいことを理解しようとする。

評価規準

》知識・技能
○語のまとまりなどに気をつけて音読している。
○オオアリクイやコチドリの子どもの守り方について，共通点や相違点などを理解している。
○新しく習う漢字を正しく読んだり書いたりしている。
　　　　　　　　　　　　　　　　　　　　　　● 対応する学習指導要領の項目：(1) エ，ク　(2) ア

》思考・判断・表現
○オオアリクイやコチドリの子どもの守り方についての重要な語や文を選び出している。
○「子どもを　まもる　どうぶつたち」を読んで感じたことやわかったことを共有している。
○動物たちの子どもの守り方を説明した文章を読み，わかったことや考えたことを話し合っている。
　　　　　　　　　　　　　　　　　　　　　　● 対応する学習指導要領の項目：C (1) ウ，カ　(2) ア
○動物たちの子どもの守り方について，共通点や相違点を確かめ，ノートにまとめている。
　　　　　　　　　　　　　　　　　　　　　　　　　　● 対応する学習指導要領の項目：B (1) ア

》主体的に学習に取り組む態度
○オオアリクイとコチドリはそれぞれどのようにして子どもを守り育てているか確かめている。
○動物の子どもの守り方を比べることで，似ているところや違うところが見つけやすいことを理解している。

学習活動

小単元名	時数	学習活動	学習の過程
子どもを　まもる　どうぶつたち①	1	○108～111ページの「てびき」を読んで，学習のめあてをつかむ。	見通し
子どもを　まもる　どうぶつたち②	4	○書いてあることを確かめる。 ・オオアリクイとコチドリはどんな動物か。 ・それぞれどんな知恵を使って，子どもを守るか。	精査・解釈
子どもを　まもる　どうぶつたち③	5	○比べて考える。 ・オオアリクイとコチドリを比べて，109ページを参考にノートにまとめる。	考えの形成
		・比べて気づいたことや考えたことを友達と話し合う。	考えの形成　共有
子どもを　まもる　どうぶつたち④	4	○ほかの動物の知恵について，110ページ下段「こんな本もいっしょに」の本を読んで調べる。	考えの形成

| 1年 | 東書 | 教科書【下】：p.112～113　配当時数：3時間　配当月：2月 |

ことばを　あつめよう

主領域　B書くこと

到達目標

≫知識・技能
○身近なことを表す語句の量を増し，話や文章の中で使うとともに，語彙を豊かにすることができる。

≫思考・判断・表現
○語と語の続き方に注意しながら，内容のまとまりがわかるように書き表し方を工夫することができる。

≫主体的に学習に取り組む態度　　※「主体的に学習に取り組む態度」は方向目標を示しています。
○形容詞・名詞・副詞・動詞などの言葉の違いを確かめ，それらをつなげて文を作ろうとする。

評価規準

≫知識・技能
○形容詞・名詞・副詞・動詞を集め，話や文章の中で使うとともに，語彙を豊かにしている。
　　　　　　　　　　　　　　　　　　　　　　　　　　　●対応する学習指導要領の項目：(1) オ

≫思考・判断・表現
○形容詞・名詞・副詞・動詞の順に言葉を並べ，内容のまとまりがわかるように書き表し方を工夫して文を作っている。
　　　　　　　　　　　　　　　　　　　　　　　　　　　●対応する学習指導要領の項目：B (1) ウ

≫主体的に学習に取り組む態度
○形容詞・名詞・副詞・動詞などの言葉の違いを確かめ，それらをつなげて文を作っている。

学習活動

小単元名	時数	学習活動	学習の過程
ことばを　あつめよう①	1	○形容詞・名詞・副詞・動詞，それぞれの言葉の特徴を確かめる。 ○ほかにも，それぞれの仲間の言葉を集める。	情報の収集
ことばを　あつめよう②	2	○それぞれの言葉をつなげて文を作り，紹介し合う。 ・「形容詞＋名詞」を「副詞＋動詞」。	記述　共有

| 1年 | 東書 |

教科書【下】：p.114〜117　配当時数：6時間　配当月：2月

小学校の　ことを　しょうかいしよう

| 主領域 | A話すこと・聞くこと　| 領域 | B書くこと
| 関連する道徳の内容項目 | B親切，思いやり

到達目標

≫知識・技能

○言葉には，経験したことを伝える働きがあることに気づくことができる。

○第1学年に配当されている漢字を読み，漸次書き，文や文章の中で使うことができる。

○事柄の順序など情報と情報との関係について理解することができる。

○新しく習う漢字を正しく読んだり書いたりすることができる。

≫思考・判断・表現

○相手に伝わるように，行動したことや経験したことに基づいて，話す事柄の順序を考えることができる。

○伝えたい事柄や相手に応じて，声の大きさや速さなどを工夫することができる。

○紹介など伝えたいことを話したり，それらを聞いて感想を述べたりする活動ができる。

○文と文との続き方に注意しながら，内容のまとまりがわかるように書き表し方を工夫することができる。

≫主体的に学習に取り組む態度　※「主体的に学習に取り組む態度」は方向目標を示しています。

○来年の入学を楽しみにしてもらえるよう，学校での出来事などについて，順序を考えながらわかりやすく話そうとする。

評価規準

≫知識・技能

○1年間をふり返ることで，言葉には，経験したことを伝える働きがあることに気づいている。

○第1学年に配当されている漢字を読み，漸次書き，学校を紹介する文や文章の中で使っている。

○時間の順序を考え，したこととしたこととの関係について理解している。

○新しく習う漢字を正しく読んだり書いたりしている。

　　　　　　　　　　　　　　　　　　　　　　● 対応する学習指導要領の項目：(1) ア，エ　　(2) ア

≫思考・判断・表現

○相手に伝わるように，この1年間の出来事について，話す事柄の順序を考えている。

○伝えたい事柄や相手に応じて，声の大きさや速さなどを工夫している。

○隣の友達と，紹介することを話したり，それらを聞いて感想を述べたりする活動をしている。

　　　　　　　　　　　　　　　　　　　　　　● 対応する学習指導要領の項目：A (1) イ，ウ　　(2) ア

○文と文との続き方に注意しながら，来年の1年生にもわかるようにメモの取り方を工夫している。

　　　　　　　　　　　　　　　　　　　　　　● 対応する学習指導要領の項目：B (1) ウ

≫主体的に学習に取り組む態度

○来年1年生になる子どもたちに，小学校への入学を楽しみにしてもらえるよう，学校での出来事などについて，順序を考えながらわかりやすく話している。

学習活動

小単元名	時数	学習活動	学習の過程
小学校の　ことを　しょうかいしよう①	1	○114 ページを読み，学習のめあてを理解する。	見通し
		・116 ページ下段の「ゆみさんの　メモ」と，115 ページのゆみさんの話を重ねて，話し方を確かめる。	情報の収集
小学校の　ことを　しょうかいしよう②	4	○紹介することを決める。 ・1 年生になってしたことを思い出し，順にメモに書く。 ・季節，したこと，感じたことを書く。	話題の設定 情報の収集
		・メモしたことを確かめて，取り上げることを決める。	話題の設定 情報の収集 考えの形成
小学校の　ことを　しょうかいしよう③	1	○隣の友達に聞いてもらい，話す練習をする。	共有

| 1年 | 東書 | 教科書【下】：p.119～135　配当時数：12時間　配当月：2～3月 |

すきな　ところを　見つけよう

スイミー

主領域　C読むこと　　領域　A話すこと・聞くこと

関連する道徳の内容項目　A個性の伸長　C勤労，公共の精神

到達目標

≫ 知識・技能
○語のまとまりや言葉の響きなどに気をつけて音読している。
○新しく習う漢字を正しく読んだり書いたりすることができる。

≫ 思考・判断・表現
○場面の様子に着目して，登場人物の行動を具体的に想像することができる。
○文章の内容と自分の体験とを結び付けて，感想をもつことができる。
○物語などを読んで，内容や感想などを伝え合ったり，音読したりする活動ができる。
○伝えたい事柄や相手に応じて，声の大きさや速さなどを工夫することができる。

≫ 主体的に学習に取り組む態度　※「主体的に学習に取り組む態度」は方向目標を示しています。
○場面ごとに，スイミーの行動や気持ちを思いうかべながら読み，お話の好きなところを見つけて音読しようとする。

評価規準

≫ 知識・技能
○海の様子を表す独特の表現や，歯切れのよい言葉などに気をつけて音読している。
○新しく習う漢字を正しく読んだり書いたりしている。

●対応する学習指導要領の項目：(1) エ，ク

≫ 思考・判断・表現
○場面の様子に着目して，スイミーの行動を具体的に想像している。
○スイミーのしたことと自分の体験とを結び付けて，感想をもっている。
○「スイミー」を読んで，内容や感想などを伝え合ったり，音読したりする活動をしている。

●対応する学習指導要領の項目：C (1) エ，オ　(2) イ

○スイミーになったつもりで，声の大きさや速さなどを工夫して音読している。

●対応する学習指導要領の項目：A (1) ウ

≫ 主体的に学習に取り組む態度
○スイミーは，どこで何を見，どんな気持ちだったかを考えている。
○お話の中で好きなところを見つけている。
○場面ごとに，スイミーの行動や気持ちを思いうかべながら読み，お話の好きなところを見つけて音読している。

学習活動

小単元名	時数	学習活動	学習の過程
スイミー①	1	○132〜135ページの「てびき」を読んで，学習のめあてをつかむ。	見通し
スイミー②	8	○好きなところを見つける。	構造と内容の把握
		・スイミーは，どこで何を見，どんな気持ちだったか。	精査・解釈
		・お話の中で好きなところはどこか。	考えの形成
スイミー③	3	○好きなところを音読する。 ・その時，スイミーはどこにいて，どんなことをしているかを考える。	考えの形成
		・友達と読んだり，スイミーになったつもりで言葉をつけ足して読んだり，工夫して音読する。	考えの形成　共有

| 1年 | 東書 | 教科書【下】：p.136～137　配当時数：3時間　配当月：3月 |

かたちの　にて　いる　かん字

主領域　B書くこと

到達目標

≫知識・技能
○第1学年に配当されている漢字を読み，漸次書き，文や文章の中で使うことができる。

≫思考・判断・表現
○文章を読み返す習慣を付けるとともに，間違いを正したり，語と語や文と文との続き方を確かめたりすることができる。

≫主体的に学習に取り組む態度　※「主体的に学習に取り組む態度」は方向目標を示しています。
○形の似ている漢字を使い分けて，正しく読み書きしようとする。

評価規準

≫知識・技能
○新しく習う漢字を正しく読んだり書いたりしている。
● 対応する学習指導要領の項目：(1) エ

≫思考・判断・表現
○ 137ページの日記を読み，形の似た漢字で間違っているものを正しい漢字に直している。
● 対応する学習指導要領の項目：B (1) エ

≫主体的に学習に取り組む態度
○形の似ている漢字を使い分けて，正しく読み書きしている。

学習活動

小単元名	時数	学習活動	学習の過程
かたちの　にて　いる　かん字①	2	○136ページに挙げてある漢字について，それぞれ形の似ている部分と違う部分を確かめる。 ・巻末資料「あたらしく　ならった　かん字」の中から，形の似ている漢字を探す。	考えの形成
かたちの　にて　いる　かん字②	1	○137ページの日記を読み，形の似た漢字を正しく使い分けて，文章を書き直す。	推敲

| 1年 | 東書 |

教科書【下】：p.138〜141　配当時数：8時間　配当月：3月

一年かんを　ふりかえろう

主領域　B書くこと

到達目標

》知識・技能

○丁寧な言葉と普通の言葉との違いに気をつけて使うとともに，敬体で書かれた文章に慣れることができる。

○新しく習う漢字を正しく読んだり書いたりすることができる。

》思考・判断・表現

○経験したことなどから書くことを見つけ，必要な事柄を集めたり確かめたりして，伝えたいことを明確にすることができる。

○文章を読み返す習慣を付けるとともに，間違いを正したり，語と語や文と文との続き方を確かめたりすることができる。

○文章に対する感想を伝え合い，文章の内容や表現のよいところを見つけることができる。

》主体的に学習に取り組む態度　※「主体的に学習に取り組む態度」は方向目標を示しています。

○これまでに書いた文章をふり返り，心に残っている出来事をさらに詳しく思い出して文章に書こうとする。

評価規準

》知識・技能

○丁寧な言葉と普通の言葉との違いに気をつけて使っている。

○新しく習う漢字を正しく読んだり書いたりしている。

● 対応する学習指導要領の項目：(1) エ，キ

》思考・判断・表現

○１年間に書いた文章を読み返し，家の人に伝えたい出来事を確かめて，様子や気持ちをつけ足して文章に書いている。

○文章を読み返す習慣を付けるとともに，間違いを正したり，語と語や文と文との続き方を確かめたりしている。

○文章に対する感想を友達と伝え合い，お互いの文章の内容や表現のよいところを見つけている。

● 対応する学習指導要領の項目：B (1) ア，エ，オ

》主体的に学習に取り組む態度

○これまでに書いた文章をふり返り，家の人に伝えたいと思う出来事を選び，心に残っている出来事をさらに詳しく思い出して文章に書いている。

学習活動

小単元名	時数	学習活動	学習の過程
一年かんを　ふりかえろう①	3	○138 ページを読み，学習のめあてを理解する。	見通し
		○家の人に伝える出来事を決める。 ・これまでに書いてきた文章を読み返し，家の人に伝えたい出来事を選ぶ。	題材の設定 情報の収集
一年かんを　ふりかえろう②	4	○出来事を伝える文章を書く。 ・家の人に伝えたい出来事を，よく思い出して書く。 ・139 ページの元の文章と，140・141 ページ「けんたさんの　文しょう」とを比較し，どのように「よく思い出して」いるか確かめる。	考えの形成　記述
一年かんを　ふりかえろう③	1	○書いた文章を読み返し，字や言葉の間違いがないか確かめる。	推敲
		○書いた文章を友達と読み合う。	共有

MEMO

| 2年 | 東書 |

教科書【上】：p.10〜11　配当時数：2時間　配当月：4月

すきな　こと，なあに

| 主領域 | A話すこと・聞くこと |

| 関連する道徳の内容項目 | B親切，思いやり |

到達目標

≫知識・技能
○言葉には，経験したことを伝える働きがあることに気づくことができる。
○新しく習う漢字を正しく読んだり書いたりすることができる。

≫思考・判断・表現
○互いの話に関心をもち，相手の発言を受けて話をつなぐことができる。
○尋ねたり応答したりするなどして，少人数で話し合う活動ができる。

≫主体的に学習に取り組む態度　※「主体的に学習に取り組む態度」は方向目標を示しています。
○二人で組になり，お互いの「すきな　こと」について，話したり聞いたりしようとする。

評価規準

≫知識・技能
○好きなことを話し合うことで，言葉には，経験したことを伝える働きがあることに気づいている。
○新しく習う漢字を正しく読んだり書いたりしている。
●対応する学習指導要領の項目：(1) ア，エ

≫思考・判断・表現
○互いの好きなことに関心をもち，相手の「すきな　こと」を受けて話をつないでいる。
○尋ねたり応答したりするなどして，二人で話し合う活動をしている。
●対応する学習指導要領の項目：A (1) オ　(2) イ

≫主体的に学習に取り組む態度
○二人で組になり，お互いの「すきな　こと」について，話したり聞いたりしている。

学習活動

小単元名	時数	学習活動	学習の過程
すきな　こと，なあに	2	○10・11ページを読んで，二人で話し合うとき，どのように話したり，聞いたりしたらよいか確かめる。 ・相づちを打ったり，相手の言葉を繰り返したりする。	話し合いの進め方の検討
		○二人で組を作り，交代して「すきな　こと」をやりとりする。	共有

102

| 2年 | 東書 | 教科書【上】：p.12〜13　配当時数：2時間　配当月：4月 |

いくつ　あつめられるかな

| 主領域 | B書くこと |

| 関連する道徳の内容項目 | A個性の伸長 |

到達目標

≫知識・技能

○身近なことを表す語句の量を増し，話や文章の中で使うとともに，語彙を豊かにすることができる。

○新しく習う漢字を正しく読んだり書いたりすることができる。

≫思考・判断・表現

○経験したことなどから書くことを見つけ，必要な事柄を集めたり確かめたりして，伝えたいことを明確にすることができる。

≫主体的に学習に取り組む態度　　※「主体的に学習に取り組む態度」は方向目標を示しています。

○友達に伝えたい出来事をたくさん集め，メモに書こうとする。

評価規準

≫知識・技能

○友達に伝えたい出来事を集め，メモすることで語句の量を増やし，語彙を豊かにしている。

○新しく習う漢字を正しく読んだり書いたりしている。

● 対応する学習指導要領の項目：(1) エ，オ

≫思考・判断・表現

○「たのしかったこと，うれしかったこと」などをたくさん集め，友達に伝えたいことをメモしている。

● 対応する学習指導要領の項目：B (1) ア

≫主体的に学習に取り組む態度

○友達に伝えたい出来事を思い出して，メモに書いている。

学習活動

小単元名	時数	学習活動	学習の過程
いくつ　あつめられるかな	2	○友達に伝えたいことをたくさん集め，メモに書く。 ・「たのしかったこと，うれしかったこと，おどろいたこと，がんばったこと，どきどきしたこと」など。 ・13ページの「石川さんの　メモ」を参考にする。	情報の収集
		・メモしておくと，どんな時に役に立つか考える。	考えの形成

| 2年 | 東書 | 教科書【上】：p.15〜27　配当時数：10時間　配当月：4月 |

お話を　音読しよう

風の　ゆうびんやさん

主領域　C読むこと　　領域　B書くこと

関連する道徳の内容項目　B親切，思いやり　D自然愛護

到達目標

≫知識・技能
○語のまとまりや言葉の響きなどに気をつけて音読することができる。
○新しく習う漢字を正しく読んだり書いたりすることができる。

≫思考・判断・表現
○場面の様子や登場人物の行動など，内容の大体を捉えることができる。
○場面の様子に着目して，登場人物の行動を具体的に想像することができる。
○物語を読んで，内容や感想などを伝え合ったり，音読したりする活動ができる。
○文と文との続き方に注意しながら，内容のまとまりがわかるように書き表し方を工夫することができる。

≫主体的に学習に取り組む態度　　※「主体的に学習に取り組む態度」は方向目標を示しています。
○場面の様子や人物の気持ちを想像しながら，物語を読もうとする。
○お話に出てくる人物の声を思いうかべながら音読しようとする。

評価規準

≫知識・技能
○人物の様子や会話などに気をつけて音読している。
○新しく習う漢字を正しく読んだり書いたりしている。
　　　　　　　　　　　　　　　　　　　　　　　　　　　　　→ 対応する学習指導要領の項目：(1) エ，ク

≫思考・判断・表現
○場面の様子や登場人物の気持ちなど，内容の大体を捉えている。
○届け先ごとの場面の様子に着目して，登場人物の気持ちを具体的に想像している。
○「風の　ゆうびんやさん」を読んで，登場人物の様子などを伝え合ったり，音読したりする活動をしている。
　　　　　　　　　　　　　　　　　　　　　　　→ 対応する学習指導要領の項目：C (1) イ，エ　　(2) イ
○文と文との続き方に注意しながら，内容のまとまりがわかるように書き表し方を工夫している。
　　　　　　　　　　　　　　　　　　　　　　　　　　　　→ 対応する学習指導要領の項目：B (1) ウ

≫主体的に学習に取り組む態度
○場面の様子や人物の気持ちを想像しながら，物語を読んでいる。
○お話に出てくる人物の声を思いうかべながら音読している。

学習活動

小単元名	時数	学習活動	学習の過程
風の ① ゆうびんやさん	1	○23～25 ページの「てびき」を読んで，学習のめあてをつかむ。	見通し
風の ② ゆうびんやさん	4	○登場人物がどんな様子か考える。 ・出てくる順に，人物を確かめる。	構造と内容の把握
		・手紙を受け取った人物がしたことや，言ったことを確かめ，どんな気持ちだったか考える。	精査・解釈
風の ③ ゆうびんやさん	3	○人物の声を思いうかべて，音読する。 ・音読するときに気をつけることを確かめる。 ・句読点や，声の大きさなど。 ・それぞれの人物の様子を考えて，どんな声で読むか。	考えの形成　共有
風の ④ ゆうびんやさん	2	○26・27 ページ「こくご の ノートの つくりかた」で，ノートに書く内容や書き方を確かめる。 ・日付，めあて，自分の考え，大切な文や言葉，まとめ　など	考えの形成　記述
		○25 ページ「ふりかえる」で，単元の学びをふり返る。	ふり返り

2年

| 2年 | 東書 | 教科書【上】：p.28〜31　配当時数：2時間　配当月：4月 |

としょかんへ　行こう

関連する道徳の内容項目　C規則の尊重

到達目標

≫知識・技能

○読書に親しみ，いろいろな本があることを知ることができる。

○新しく習う漢字を正しく読んだり書いたりすることができる。

≫主体的に学習に取り組む態度　※「主体的に学習に取り組む態度」は方向目標を示しています。

○図書館の利用の仕方を知り，読みたい本を探して読もうとする。

評価規準

≫知識・技能

○読書に親しみ，いろいろな本に触れている。

○新しく習う漢字を正しく読んだり書いたりしている。

●対応する学習指導要領の項目：(1) エ　　(3) エ

≫主体的に学習に取り組む態度

○図書館の利用の仕方を知り，実際に図書館で読みたい本を探して読んでいる。

学習活動

小単元名	時数	学習活動	学習の過程
としょかんへ　行こう①	1	○図書館の本の分け方や並べ方を確かめる。 ・仲間ごとに分類され，探しやすいように配置されていることを知る。 ○学校の図書館には，それぞれの棚にどんな本が置かれているか確かめる。	
としょかんへ　行こう②	1	○読みたい本を探して読む。	

| 2年 | 東書 |

教科書【上】：p.32〜33　配当時数：3時間　配当月：4月

かん字の　書き方

到達目標

≫知識・技能

○第2学年までに配当されている漢字を読み，漸次書き，文や文章の中で使うことができる。

○新しく習う漢字を正しく読んだり書いたりすることができる。

≫主体的に学習に取り組む態度　※「主体的に学習に取り組む態度」は方向目標を示しています。

○漢字の筆順と画数について理解し，漢字を正しく書こうとする。

評価規準

≫知識・技能

○筆順と画数について理解し，漢字を書くときに正しい筆順で書いている。

○新しく習う漢字を正しく読んだり書いたりしている。

● 対応する学習指導要領の項目：(1) エ

≫主体的に学習に取り組む態度

○漢字の筆順と画数について理解し，漢字を正しく書いている。

学習活動

小単元名	時数	学習活動	学習の過程
かん字の　書き方①	1	○筆順の説明を読み，「筆順」とは何かを理解する。 ○画数について理解する。	
かん字の　書き方②	2	○33ページ下段の設問を学習し，筆順に気をつけて書き，画数を調べる。 ・ほかの既習漢字について，筆順に気をつけて書き，画数を調べる。	

| 2年 | 東書 | 教科書【上】：p.35〜43　配当時数：10時間　配当月：4〜5月 |

たんぽぽの　ひみつを　見つけよう

たんぽぽ

主領域　C読むこと　　領域　B書くこと

関連する道徳の内容項目　D自然愛護

到達目標

≫知識・技能
○事柄の順序など情報と情報との関係について理解することができる。
○新しく習う漢字を正しく読んだり書いたりすることができる。

≫思考・判断・表現
○時間的な順序や事柄の順序などを考えながら，内容の大体を捉えることができる。
○文章の内容と自分の体験とを結び付けて，感想をもつことができる。
○事物の仕組みを説明した文章などを読み，わかったことや考えたことを述べる活動ができる。
○文と文との続き方に注意しながら，内容のまとまりがわかるように書き表し方を工夫することができる。

≫主体的に学習に取り組む態度　※「主体的に学習に取り組む態度」は方向目標を示しています。
○「たんぽぽ」のさまざまな「ひみつ」の説明内容を，順序に気をつけて読もうとする。
○自分がいちばん伝えたい「ひみつ」をまとめようとする。

評価規準

≫知識・技能
○事柄の順序などに気をつけ，たんぽぽの葉や根・花の関係について理解している。
○新しく習う漢字を正しく読んだり書いたりしている。
————● 対応する学習指導要領の項目：(1) エ　 (2) ア

≫思考・判断・表現
○たんぽぽの花の変化などを考えながら，内容の大体を捉えている。
○たんぽぽについて，自分の体験と結び付けて感想をもっている。
○たんぽぽの秘密を説明した文章を読み，わかったことや考えたことを述べる活動をしている。
————● 対応する学習指導要領の項目：C (1) ア，オ　 (2) ア
○文と文との続き方に注意しながら，たんぽぽの秘密がわかるように書き表し方を工夫している。
————● 対応する学習指導要領の項目：B (1) ウ

≫主体的に学習に取り組む態度
○たんぽぽの仕組みで，大事だと思うところを抜き出している。
○どんなことが，どんな順序で説明されているか確かめている。
○「たんぽぽ」のさまざまな「ひみつ」の説明内容を，順序に気をつけて読んでいる。
○自分がいちばん伝えたい「ひみつ」をまとめている。

学習活動

小単元名	時数	学習活動	学習の過程
たんぽぽ①	1	○41〜43 ページの「てびき」を読んで，学習のめあてをつかむ。	見通し
たんぽぽ②	3	○書いてあることを確かめる。 ・初めて知ったこと，おどろいたことはどんなことか。	構造と内容の把握
		・たんぽぽの仕組みで，大事だと思うところを抜き出す。	精査・解釈
たんぽぽ③	4	○順序を確かめる。 ・一日のうちでどうなるか。 ・花がしぼんでから，どうなっていくか。 ・どんなことが，どんな順序で説明されているか。	精査・解釈
たんぽぽ④	2	○たんぽぽの秘密を伝え合う。 ・たんぽぽは，どのようにして仲間を増やすかをまとめる。	考えの形成
		・自分がいちばん伝えたいひみつを考え，友達と紹介し合う。	考えの形成　共有
		○42 ページ「ふりかえる」で，単元の学びをふり返る。	ふり返り

| 2年 | 東書 |

教科書【上】：p.44～47　配当時数：8時間　配当月：5月

こんな ことを して いるよ

主領域　B書くこと

関連する道徳の内容項目　C家族愛，家庭生活の充実

到達目標

≫知識・技能
○長音，拗音，促音，撥音などの表記，助詞の「は」，「へ」及び「を」の使い方，句読点の打ち方，かぎ（「　」）の使い方を理解して文や文章の中で使うことができる。
○新しく習う漢字を正しく読んだり書いたりすることができる。

≫思考・判断・表現
○経験したことから書くことを見つけ，必要な事柄を集めたり確かめたりして，伝えたいことを明確にすることができる。
○自分の思いや考えが明確になるように，事柄の順序に沿って簡単な構成を考えることができる。
○文章に対する感想を伝え合い，お互いの文章の内容や表現のよいところを見つけることができる。
○身近なことを報告するなど，見聞きしたことを書く活動ができる。

≫主体的に学習に取り組む態度　※「主体的に学習に取り組む態度」は方向目標を示しています。
○家でしていることを，友達にわかりやすいように，文章の組み立てを考えて書こうとする。

評価規準

≫知識・技能
○長音，拗音，促音，撥音などの表記，助詞の「は」，「へ」及び「を」の使い方，句読点の打ち方，かぎ（「　」）の使い方を理解して文や文章の中で使っている。
○新しく習う漢字を正しく読んだり書いたりしている。

　　　　　　　　　　　　　　　　　　　　　　　　　　　●対応する学習指導要領の項目：(1) ウ，エ

≫思考・判断・表現
○家でしていることから書くことを見つけ，必要な事柄を集めて，友達に伝えたいことを明確にしている。
○自分の思いが明確になるように，事柄の順序に沿って「はじめ」「中」「おわり」の簡単な構成を考えている。
○友達と交換して文章を読み合い，お互いの文章の内容や表現のよいところを伝え合っている。
○家でしていることを報告するなど，見聞きしたことを書く活動をしている。

　　　　　　　　　　　　　　　　　　　　　　●対応する学習指導要領の項目：B (1) ア，イ，オ　(2) ア

≫主体的に学習に取り組む態度
○家でしていることを，友達にわかりやすいように，「はじめ」「中」「おわり」の組み立てを考えて書いている。

学習活動

小単元名	時数	学習活動	学習の過程
こんな　ことを　して　いるよ①	1	○44 ページを読んで，学習のめあてを確かめる。	見通し
こんな　ことを　して　いるよ②	2	○伝えたいことを考える。 ・45 ページ「木村さんの　ノート」を参考に，「しかた」や「そのときの　気もち」など，詳しく書き出す。	題材の設定 情報の収集
こんな　ことを　して　いるよ③	3	○組み立てを考えて文章を書く。 ・「はじめ」…どのようなことを伝えたいかを書く。 ・「中」…伝えたいことについて，詳しく書く。 ・「おわり」…そのときの気もちを書く。	構成の検討　記述
こんな　ことを　して　いるよ④	2	○書いた後，友達と交換して読み合い，わかりやすいところやすてきだなと思ったことを伝え合う。	共有
		○47 ページ「ふりかえる」で，単元の学びをふり返る。	ふり返り

| 2年 | 東書 |

教科書【上】：p.50〜53　配当時数：4時間　配当月：5月

外国の　小学校に　ついて　聞こう

主領域　A話すこと・聞くこと

関連する道徳の内容項目　C国際理解，国際親善

到達目標

≫知識・技能

○共通，相違など情報と情報との関係について理解することができる。

○新しく習う漢字を正しく読んだり書いたりすることができる。

≫思考・判断・表現

○自分が聞きたいことを落とさないように集中して聞き，話の内容を捉えて感想をもつことができる。

○紹介を聞いて声に出して確かめたり感想を述べたりする活動ができる。

≫主体的に学習に取り組む態度　※「主体的に学習に取り組む態度」は方向目標を示しています。

○外国の小学校の話を聞くことで，聞きたいことを聞くためにどんなことに気をつけたらよいか考えようとする。

評価規準

≫知識・技能

○外国の学校と自分の学校との共通点や相違点などについて理解している。

○新しく習う漢字を正しく読んだり書いたりしている。

● 対応する学習指導要領の項目：(1) エ　(2) ア

≫思考・判断・表現

○イタリアやカンボジアの小学校の話を，自分が聞きたいことを落とさないように集中して聞き，話の内容を捉えて感想をもっている。

○小学校の紹介を聞いて，確かめたり感想を述べたりする活動をしている。

● 対応する学習指導要領の項目：A (1) エ　(2) ア

≫主体的に学習に取り組む態度

○外国の小学校の話を聞くことで，聞きたいことを落とさず聞くにはどんなことに気をつけたらよいか考えている。

学習活動

小単元名	時数	学習活動	学習の過程
外国の　小学校に　ついて　聞こう①	1	○50 ページを読んで，学習のめあてを確かめる。	見通し
		○「イタリアの　小学校」の話を聞いて，思ったことを話し合う。	構造と内容の把握

112

外国の　小学校に　ついて　聞こう②	2	○148ページ「カンボジアの　小学校」の話を，聞きたいことを決めて，しっかりと聞く。	精査・解釈
		・どんなことを聞きたいか，発表し合う。 ・何について話しているかを聞き取る。	考えの形成
外国の　小学校に　ついて　聞こう③	1	○聞いて，思ったことを伝え合う。 ・おどろいたこと，おもしろいと思ったことなど。	共有
		○53ページ「ふりかえる」で，単元の学びをふり返る。	ふり返り

| 2年 | 東書 |

教科書【上】：p.55〜70　配当時数：12時間　配当月：5〜6月

声や　うごきで　あらわそう

名前を　見て　ちょうだい

| 主領域 | C読むこと |　| 領域 | B書くこと |

| 関連する道徳の内容項目 |　A善悪の判断，自律，自由と責任

到達目標

≫知識・技能
○語のまとまりや言葉の響きなどに気をつけて音読することができる。
○新しく習う漢字を正しく読んだり書いたりすることができる。

≫思考・判断・表現
○場面の様子や登場人物の行動など，内容の大体を捉えることができる。
○場面の様子に着目して，登場人物の行動を具体的に想像することができる。
○物語などを読んで，内容や感想などを伝え合ったり，演じたりする活動ができる。
○経験したことや想像したことなどから書くことを見つけ，必要な事柄を集めたり確かめたりして，伝えたいことを明確にすることができる。

≫主体的に学習に取り組む態度　※「主体的に学習に取り組む態度」は方向目標を示しています。
○えっちゃんやえっちゃんが会った人物の様子を場面ごとに確かめ，その様子を声や動きで表そうとする。

評価規準

≫知識・技能
○えっちゃん，きつね，牛，大男それぞれの様子に気をつけて音読している。
○新しく習う漢字を正しく読んだり書いたりしている。
●対応する学習指導要領の項目：(1) エ，ク

≫思考・判断・表現
○場面の様子やえっちゃんやほかの登場人物の行動など，内容の大体を捉えている。
○様子を表す言葉に着目して，えっちゃんやほかの登場人物の行動を具体的に想像している。
○「名前を　見て　ちょうだい」を読んで，内容や感想を伝え合ったり，人物の様子を演じたりする活動をしている。
●対応する学習指導要領の項目：C (1) イ，エ　(2) イ
○お話の場面ごとに，登場人物の様子がわかる言葉や文を集めてノートに書いている。
●対応する学習指導要領の項目：B (1) ア

≫主体的に学習に取り組む態度
○「時間」「えっちゃんが行った場所」「人物」を手掛かりに，場面を分けている。
○えっちゃんが会った人物の様子と，その時のえっちゃんの様子がわかる言葉や文をノートに書いている。
○えっちゃんやえっちゃんが会った人物の様子を場面ごとに確かめ，その様子を声や動きで表している。

学習活動

小単元名	時数	学習活動	学習の過程
名前を　見て　ちょうだい①	1	○67〜70 ページの「てびき」を読んで，学習のめあてをつかむ。	見通し
名前を　見て　ちょうだい②	2	○場面ごとに，人物の様子を確かめる。 ・「時間」「えっちゃんが行った場所」「じんぶつ」を手掛かりに，場面を分けることができる。	構造と内容の把握
名前を　見て　ちょうだい③	3	○えっちゃんが会った人物の様子と，その時のえっちゃんの様子がわかる言葉や文をノートに書く。	精査・解釈
名前を　見て　ちょうだい④	2	○えっちゃんや，えっちゃんが会った人物の様子がわかる言葉で，おもしろいと思った言葉はどれか考える。	考えの形成
名前を　見て　ちょうだい⑤	4	○人物の様子を，声や動きで表す。	考えの形成
		・場面を選び，友達と役割を決めて，人物の様子を声や動きで表す。	共有
		○70 ページ「ふりかえる」で，単元の学びをふり返る。	ふり返り

2年

| 2年 | 東書 |

教科書【上】：p.72〜75　配当時数：6時間　配当月：6月

かんさつした　ことを　書こう

主領域　B書くこと

関連する道徳の内容項目　D自然愛護

到達目標

≫知識・技能
○長音，拗音，促音，撥音などの表記，助詞の「は」，「へ」及び「を」の使い方，句読点の打ち方，かぎ（「　」）の使い方を理解して文や文章の中で使うことができる。
○新しく習う漢字を正しく読んだり書いたりすることができる。

≫思考・判断・表現
○経験したことなどから書くことを見つけ，必要な事柄を集めたり確かめたりして，伝えたいことを明確にすることができる。
○文と文との続き方に注意しながら，内容のまとまりがわかるように書き表し方を工夫することができる。
○観察したことを記録したりするなど，見聞きしたことを書く活動ができる。

≫主体的に学習に取り組む態度　　※「主体的に学習に取り組む態度」は方向目標を示しています。
○植物などを観察して，気づいたことを詳しく書こうとする。

評価規準

≫知識・技能
○長音，拗音，促音，撥音などの表記，助詞の「は」，「へ」及び「を」の使い方，句読点の打ち方，かぎ（「　」）の使い方を理解して「かんさつカード」を書いている。
○新しく習う漢字を正しく読んだり書いたりしている。

● 対応する学習指導要領の項目：(1) ウ，エ

≫思考・判断・表現
○身の回りの植物を観察したことから書くことを見つけ，気づいたことをメモに書くなどして，伝えたいことを明確にしている。
○文と文との続き方に注意しながら，植物の様子がわかるように色や形，大きさを入れるなど書き表し方を工夫している。
○身の回りの植物を観察し，「かんさつカード」に書く活動をしている。

● 対応する学習指導要領の項目：B (1) ア，ウ　 (2) ア

≫主体的に学習に取り組む態度
○73ページ「田中さんの　『かんさつカード』」を読んで，「かんさつカード」の書き方を確かめている。
○植物などを観察して，気づいたことを詳しく書いている。

学習活動

小単元名	時数	学習活動	学習の過程
かんさつした ことを 書こう①	1	○72 ページを読んで，学習のめあてを確かめる。	見通し
かんさつした ことを 書こう②	1	○73 ページ「田中さんの 『かんさつカード』」を読んで，「かんさつカード」の書き方を確かめる。 ・「色・形・大きさ」「ほかのものと比べる」「数字を使う」など。 ・脚注「よこ書きの ときに 気を つける こと」を参考にする。	題材の設定
かんさつした ことを 書こう③	2	○身の回りの，野菜の苗や花などを観察して，気づいたことをメモする。 ・74 ページ「田中さんの メモ」を参考にする。	考えの形成
かんさつした ことを 書こう④	2	○「かんさつカード」を書く。 ・「田中さんの メモ」が「田中さんの 『かんさつカード』」にどのように生かされているか確かめておく。	記述
		○75 ページ「ふりかえる」で，単元の学びをふり返る。	ふり返り

2年

| 2年 | 東書 |

教科書【上】：p.76〜77　配当時数：3時間　配当月：6月

かたかなで　書く　ことば

関連する道徳の内容項目　C国際理解，国際親善

到達目標

》知識・技能

○片仮名を読み，書くとともに，片仮名で書く語の種類を知り，文や文章の中で使うことができる。

○新しく習う漢字を正しく読んだり書いたりすることができる。

》主体的に学習に取り組む態度　※「主体的に学習に取り組む態度」は方向目標を示しています。

○片仮名で書く言葉のきまりや使い方を知り，身の回りの片仮名で書く言葉を探したり，文の中で使ったりしようとする。

評価規準

》知識・技能

○片仮名で書く言葉があることとその種類を知り，文や文章の中で使っている。

○新しく習う漢字を正しく読んだり書いたりしている。

● 対応する学習指導要領の項目：(1) ウ，エ

》主体的に学習に取り組む態度

○外国の地名，外国の人の名前，外来語，音や鳴き声などを片仮名で書くというきまりを知り，身の回りから片仮名で書く言葉を探したり文の中で使ったりしている。

学習活動

小単元名	時数	学習活動	学習の過程
かたかなで　書く　ことば①	2	○片仮名で書く言葉にはどんなものがあるか確かめる。 ・外国の地名や人の名前 ・外国からきた言葉 ・ものの音や動物の鳴き声 (多くの場合，音を表す言葉は片仮名で，様子を表す言葉は平仮名で書く。)	
かたかなで　書く　ことば②	1	○身の回りから，片仮名で書く言葉を探して書く。	

| 2年 | 東書 |

教科書【上】：p.78〜81　配当時数：5時間　配当月：6月

ことばで　絵を　つたえよう

| 主領域 | A話すこと・聞くこと |

| 関連する道徳の内容項目 | B親切，思いやり |

到達目標

≫知識・技能

○事柄の順序など情報と情報との関係について理解することができる。

○新しく習う漢字を正しく読んだり書いたりすることができる。

≫思考・判断・表現

○絵の描き方が相手に伝わるように，話す事柄の順序を考えることができる。

○説明など伝えたいことを話したり，それらを聞いて確かめたり感想を述べたりする活動ができる。

≫主体的に学習に取り組む態度　※「主体的に学習に取り組む態度」は方向目標を示しています。

○絵の描き方について，大事なことを落とさずに順序よく説明しようとする。

評価規準

≫知識・技能

○絵の描き方を説明するための，情報と情報との関係について理解している。

○新しく習う漢字を正しく読んだり書いたりしている。

　　　　　　　　　　　　　　　　　　　　　　● 対応する学習指導要領の項目：(1) エ　(2) ア

≫思考・判断・表現

○絵の描き方が相手に伝わるように，話す事柄の順序を考えている。

○絵の描き方など伝えたいことを話したり，それらを聞いて絵を描いたり感想を述べたりする活動をしている。

　　　　　　　　　　　　　　　　　　　　　　● 対応する学習指導要領の項目：A (1) イ　(2) ア

≫主体的に学習に取り組む態度

○絵の描き方について，相手にわかりやすくなるように，大事なことを落とさず順序よく説明している。

学習活動

小単元名	時数	学習活動	学習の過程
ことばで　絵を　つたえよう①	1	○78ページを読んで，学習のめあてを確かめる。	見通し
		○79ページの石川さんの説明を読んで，気づいたことや考えたことを話し合う。	内容の検討

119

ことばで 絵を つたえよう②	1	○説明の順序を考える。 ・何を・どのような順序で説明するか。	構成の検討
ことばで 絵を つたえよう③	2	○実際に書き方を説明する。 ・二人組になって，説明し合い，お互いの説明を聞いて絵を描く。 ・元の絵と比べて，正しく伝わったか確かめる。	表現　共有
ことばで 絵を つたえよう④	1	○説明を聞いて，わかりやすかったところや迷ったところを伝え合う。	共有
		○81 ページ「ふりかえる」で，単元の学びをふり返る。	ふり返り

| 2年 | 東書 | 教科書【上】：p.83〜94　配当時数：12時間　配当月：6〜7月 |

文しょうの　違いを　考えよう

サツマイモの　そだて方

主領域　C読むこと　　領域　B書くこと

関連する道徳の内容項目　D自然愛護

到達目標

≫知識・技能

○共通，相違，事柄の順序など情報と情報との関係について理解することができる。

○新しく習う漢字を正しく読んだり書いたりすることができる。

≫思考・判断・表現

○時間的な順序や事柄の順序などを考えながら，内容の大体を捉えることができる。

○文章の中の重要な語や文を考えて選び出すことができる。

○事物の仕組みを説明した文章などを読み，わかったことや考えたことを述べる活動ができる。

○文と文との続き方に注意しながら，内容のまとまりがわかるように書き表し方を工夫することができる。

≫主体的に学習に取り組む態度　　※「主体的に学習に取り組む態度」は方向目標を示しています。

○サツマイモの育て方について説明している2つのを文章を比べて読み，それぞれの文章の特徴について考えようとする。

○サツマイモの育て方について，自分が大切だと思うことをまとめようとする。

評価規準

≫知識・技能

○2つの文章の共通点や相違点など，情報と情報との関係について理解している。

○新しく習う漢字を正しく読んだり書いたりしている。

　　　　　　　　　　　　　　　　　　　　　●対応する学習指導要領の項目：(1) エ　　(2) ア

≫思考・判断・表現

○時間を表す言葉や見出しを参考に，それぞれの文章の内容の大体を捉えている。

○それぞれの文章からサツマイモの育て方についての重要な語や文を選び出している。

○サツマイモの育て方について，わかったことや考えたことを述べる活動をしている。

　　　　　　　　　　　　　　　　　　　●対応する学習指導要領の項目：C (1) ア，ウ　　(2) ア

○文と文との続き方に注意しながら，サツマイモの育て方で大切だと思うことがわかるように書き表し方を工夫している。

　　　　　　　　　　　　　　　　　　　　　　　　●対応する学習指導要領の項目：B (1) ウ

≫主体的に学習に取り組む態度

○サツマイモの育て方について説明している2つの文章を比べて読み，それぞれの文章の特徴について考えている。

○サツマイモの育て方について，自分が大切とだ思うことをまとめている。

学習活動

小単元名	時数	学習活動	学習の過程
サツマイモの　そだて方①	1	○92～94 ページの「てびき」を読んで，学習のめあてをつかむ。	見通し
サツマイモの　そだて方②	4	○説明の順序を確かめながら読む。 ・1 つ目の文章では，「時間を　あらわす　ことば」，2 つ目の文章では「見出し」に注意する。	構造と内容の把握
サツマイモの　そだて方③	5	○2 つの文章を比べて読む。 ・文章の長さや図・写真に使い方など，どのような違いがあるか。 ・どちらにも書いてあること，どちらが詳しく説明しているかなど，書いてある内容を比べる。	精査・解釈
サツマイモの　そだて方④	1	○2 つの文章の，それぞれのよさを話し合う。	共有
サツマイモの　そだて方⑤	1	○サツマイモの育て方で，自分が大切だと思うことをまとめる。	考えの形成
		○94 ページ「ふりかえる」で，単元の学びをふり返る。	ふり返り

| 2年 | 東書 | 教科書【上】：p.96〜99　配当時数：6時間　配当月：7月 |

つたえたい　ことのは

言いつたえられて　いる　お話を　知ろう

主領域　C読むこと

関連する道徳の内容項目　C伝統と文化の尊重，国や郷土を愛する態度

到達目標

≫知識・技能

○昔話や神話・伝承などの読み聞かせを聞くなどして，我が国の伝統的な言語文化に親しむことができる。

○新しく習う漢字を正しく読んだり書いたりすることができる。

≫思考・判断・表現

○文章を読んで感じたことやわかったことを共有することができる。

○読み聞かせを聞いたり物語などを読んだりして，内容や感想などを伝え合ったり，音読したりする活動ができる。

≫主体的に学習に取り組む態度　※「主体的に学習に取り組む態度」は方向目標を示しています。

○昔話や神話・伝承を聞いたり，自分で読んだりし，おもしろかったところを友達に音読しようとする。

評価規準

≫知識・技能

○昔から言い伝えられている昔話や神話・伝承などの読み聞かせを聞くなどして，伝統的な言語文化に親しんでいる。

○新しく習う漢字を正しく読んだり書いたりしている。

● 対応する学習指導要領の項目：(1) エ　(3) ア

≫思考・判断・表現

○昔話や神話・伝承などを読んで感じたことやわかったことを共有している。

○教科書に掲載されている文章や 99 ページに紹介されている本の読み聞かせを聞いたり，自分で読んだりして，内容や感想などを伝え合ったり，音読したりする活動をしている。

● 対応する学習指導要領の項目：C (1) カ　(2) イ

≫主体的に学習に取り組む態度

○昔話や神話・伝承を聞いたり，自分で読んだりし，気に入ったお話のおもしろかったところを友達に音読している。

学習活動

小単元名	時数	学習活動	学習の過程
言いつたえられて　いる　お話を　知ろう①	1	○96・97 ページ「だいだらぼうの　お話」を読んで，感想を伝え合う。	精査・解釈

言いつたえられて　いる　お話を　知ろう②	2	○地域に伝わるお話や，神話「やまたのおろち」「いなばの白うさぎ」など，昔から言い伝えられているお話について知り，読み聞かせを聞く。	共有	
言いつたえられて　いる　お話を　知ろう③	3	○図書館などで，いろいろな神話や伝承のお話を読み，おもしろかったところを友達に音読して，聞いてもらう。	共有	
		・99 ページに紹介されている本でもよい。		

| 2年 | 東書 |

教科書【 上 】：p.100〜107　配当時数：4時間　配当月：7月

本は　友だち

関連する道徳の内容項目　A希望と勇気，努力と強い意志

到達目標

≫知識・技能
○読書に親しみ，いろいろな本があることを知ることができる。

≫主体的に学習に取り組む態度　※「主体的に学習に取り組む態度」は方向目標を示しています。
○読書の楽しさを理解し，自分の興味にあわせて本を選んで読もうとする。

評価規準

≫知識・技能
○読書に親しみ，いろいろな本に触れている。

●対応する学習指導要領の項目：(3) エ

≫主体的に学習に取り組む態度
○読書の楽しさを理解し，自分の興味にあわせて本を選んで読んでいる。

学習活動

小単元名	時数	学習活動	学習の過程
本は　友だち①	1	○「どうわの　王さま」の文章を読み，本を読む楽しさについて話し合う。	
本は　友だち②	3	○100〜105ページから，読みたい本を探して読む。 ・やなせたかしさんの書いた本，やなせさんお薦めの本，「二年生の本だな」の本など ○同じ人物が登場するシリーズもののお話を，続けて読んでみる。 ・107ページ「読んだ　本を　きろくしよう。」を参考にして，読んだ本についての記録をする。	

| 2年 | 東書 |　　教科書【上】：p.110〜113　配当時数：3時間　配当月：9月

しを　読もう

いろんな　おとの　あめ／空に　ぐうんと　手を　のばせ

主領域　C読むこと

関連する道徳の内容項目　D自然愛護／感動，畏敬の念

到達目標

≫知識・技能
○語のまとまりや言葉の響きなどに気をつけて音読することができる。

≫思考・判断・表現
○場面の様子や登場人物の行動など，内容の大体を捉えることができる。
○場面の様子に着目して，登場人物の行動を具体的に想像することができる。

≫主体的に学習に取り組む態度　※「主体的に学習に取り組む態度」は方向目標を示しています。
○言葉の繰り返しやリズム・響きを楽しみながら，場面の様子や人物の動きが伝わるように音読しようとする。

評価規準

≫知識・技能
○言葉の繰り返しやリズム・響きなどを楽しみながら音読している。
● 対応する学習指導要領の項目：(1) ク

≫思考・判断・表現
○「いろんな　おとの　あめ」「空に　ぐうんと　手を　のばせ」を読んで，場面の様子や登場人物の行動など，内容の大体を捉えている。
○雨の降っている様子や，体を大きく動かしている姿を具体的に想像している。
● 対応する学習指導要領の項目：C (1) イ，エ

≫主体的に学習に取り組む態度
○言葉の繰り返しやリズム・響きを楽しみながら，場面の様子や人物の動きが伝わるように音読している。
●

学習活動

小単元名	時数	学習活動	学習の過程
いろんな　おとの　あめ／空に　ぐうんと　手を　のばせ①	1	○「いろんな　おとの　あめ」を音読する。 ・雨の音の違いに気をつけながら，雨が当たった物とそこから響いてくる音のイメージを楽しむ。	構造と内容の把握 精査・解釈

いろんな おとの あ め／空に ぐうんと 手を のばせ②	1	○「空に ぐうんと 手を のばせ」を音読したり動作化したりする。 ・気持ちが表れるように工夫する。	構造と内容の把握 精査・解釈
いろんな おとの あ め／空に ぐうんと 手を のばせ③	1	○2つの詩の音読発表をして，感想を伝え合う。	共有

2年 東書　　　　　　　　　　　　　　　　　　　教科書【上】：p.114〜115　配当時数：2時間　配当月：9月

はんたいの　いみの　ことば

到達目標

≫知識・技能
○身近なことを表す語句の量を増し，話や文章の中で使うとともに，語彙を豊かにすることができる。
○新しく習う漢字を正しく読んだり書いたりすることができる。

≫主体的に学習に取り組む態度　※「主体的に学習に取り組む態度」は方向目標を示しています。
○反対の意味を表す言葉を集めたり分類したりして，語彙を増やそうとする。

評価規準

≫知識・技能
○反対の意味をもつ語句の量を増やし，話や文章の中で使うとともに，語彙を豊かにしている。
○新しく習う漢字を正しく読んだり書いたりしている。
　　　　　　　　　　　　　　　　　　　　　　　　　　　　● 対応する学習指導要領の項目：(1) エ，オ

≫主体的に学習に取り組む態度
○教科書や本，身の回りから，反対の意味を表す言葉をたくさん集めている。

学習活動

小単元名	時数	学習活動	学習の過程
はんたいの　いみの　ことば①	1	○114ページの例を読んで，反対の意味の言葉について知る。 ○115ページ上段の設問を学習し，反対の意味を表す言葉を考える。	
はんたいの　いみの　ことば②	1	○115ページ下段で，反対の意味を表す言葉が1つではないものを確かめる。 ○反対の意味を表す言葉を集めて，短文を作る。	

| 2年 | 東書 |

教科書【上】：p.116〜122　配当時数：8時間　配当月：9月

うれしく　なる　ことばを　あつめよう

主領域　A話すこと・聞くこと

関連する道徳の内容項目　B親切，思いやり

2年

到達目標

≫知識・技能

○言葉には，経験したことを伝える働きがあることに気づくことができる。

○新しく習う漢字を正しく読んだり書いたりすることができる。

≫思考・判断・表現

○互いの話に関心をもち，相手の発言を受けて話をつなぐことができる。

○尋ねたり応答したりするなどして，少人数で話し合う活動ができる。

≫主体的に学習に取り組む態度　※「主体的に学習に取り組む態度」は方向目標を示しています。

○人に言われてうれしかった言葉を集めることを通して，話をつなぐには，どのように話したり聞いたりするとよいか考えようとする。

評価規準

≫知識・技能

○人に言われてうれしかった言葉を考えることで，言葉には，経験したことを伝える働きがあることに気づいている。

○新しく習う漢字を正しく読んだり書いたりしている。

● 対応する学習指導要領の項目：(1) ア，エ

≫思考・判断・表現

○互いの話に関心をもち，相手の発言に共感したり質問したりしながら話をつないでいる。

○尋ねたり応答したりするなどして，グループで話し合う活動をしている。

● 対応する学習指導要領の項目：A (1) オ　(2) イ

≫主体的に学習に取り組む態度

○人に言われてうれしかった言葉を集めることを通して，話をつなぐには，どのように話したり聞いたりするとよいか考えている。

学習活動

小単元名	時数	学習活動	学習の過程
うれしく　なる　ことばを　あつめよう①	1	○116 ページを読んで，学習のめあてを確かめる。	見通し

うれしく　なる　こと ばを　あつめよう②	2	○うれしかった言葉を思い出す。 ・教師とみんなで話をつなぐ。	話題の設定 情報の収集
うれしく　なる　こと ばを　あつめよう③	2	○うれしかった言葉をカードに書いておく。 ・118ページ「田中さんの　カード」を参考にする。	内容の検討
うれしく　なる　こと ばを　あつめよう④	1	○どのようにして話をつなぐかを考える。 ・119ページの黒板の内容を参考にする。	話し合いの進め方の検討
うれしく　なる　こと ばを　あつめよう⑤	2	○グループに分かれ，友達と話し合う。	共有
		○122ページ「ふりかえる」で，単元の学びをふり返る。	ふり返り

| 2年 | 東書 | 教科書【上】：p.125〜137　配当時数：12時間　配当月：9月 |

気もちを　音読で　あらわそう

ニャーゴ

主領域　C読むこと　　領域　B書くこと

関連する道徳の内容項目　B親切，思いやり　C公正，公平，社会正義

到達目標

≫知識・技能

○語のまとまりや言葉の響きなどに気をつけて音読することができる。

○新しく習う漢字を正しく読んだり書いたりすることができる。

≫思考・判断・表現

○場面の様子や登場人物の行動など，内容の大体を捉えることができる。

○場面の様子に着目して，登場人物の行動を具体的に想像することができる。

○物語などを読んで，内容や感想などを伝え合ったり，音読したりする活動ができる。

○経験したことなどから書くことを見つけ，必要な事柄を集めたり確かめたりして，伝えたいことを明確にすることができる。

≫主体的に学習に取り組む態度　　※「主体的に学習に取り組む態度」は方向目標を示しています。

○ねこと子ねずみたちの出会いから別れまで，場面ごとにそれぞれの行動や気持ちを想像しながら読もうとする。

○ねこや子ねずみたちの言った言葉と，そこに表れる気持ちを音読で表現しようとする。

評価規準

≫知識・技能

○会話に着目し，言葉の響きなどに気をつけて音読している。

○新しく習う漢字を正しく読んだり書いたりしている。

　　　　　　　　　　　　　　　　　　　　　　　　　● 対応する学習指導要領の項目：(1) エ，ク

≫思考・判断・表現

○場面の様子やねこと子ねずみたちの行動など，内容の大体を捉えている。

○場面ごとに，ねこと子ねずみたちの行動を具体的に想像することができる。

○物語を読んで，内容や感想などを伝え合ったり，音読したりする活動をしている。

　　　　　　　　　　　　　　　　　　　　● 対応する学習指導要領の項目：C (1) イ，エ　(2) イ

○ねこと子ねずみたちがしたことや言ったこと，様子がわかる言葉を集め，伝えたいことをノートに書いている。

　　　　　　　　　　　　　　　　　　　　　　　　　● 対応する学習指導要領の項目：B (1) ア

≫主体的に学習に取り組む態度

○どんな出来事がどんな順で起こったかを確かめ場面分けをし，場面ごとに登場人物のしたことや言ったことを確かめている。

○ねこと子ねずみたちの出会いから別れまで，場面ごとにそれぞれの行動や気持ちを想像しながら読んでいる。

○ねこや子ねずみたちの言った言葉と，そこに表れる気持ちを音読で表現している。

学習活動

小単元名	時数	学習活動	学習の過程
ニャーゴ①	1	○134〜137ページの「てびき」を読んで，学習のめあてをつかむ。	見通し
ニャーゴ②	3	○起こった出来事を確かめる。 ・どんな出来事が，どんな順で起こったか。場面ごとに，人物のしたことや言ったこと，様子がわかる言葉をノートに書く。	構造と内容の把握
ニャーゴ③	4	○登場人物の気持ちを想像する。 ・最初に「ニャーゴ」と言ったときのねこの気持ちを想像し，そのわけも考える。 ・ねこに出会った3匹の子ねずみたちの気持ちを想像し，そのわけも考える。 ・最後に「ニャーゴ」と言ったときのねこはどんな気持ちだったか，そのほかの「ニャーゴ」と比べて考える。	精査・解釈
ニャーゴ④	2	○想像したことを音読で表す。 ・それぞれの「ニャーゴ」の読み方を考える。	考えの形成
		・考えた読み方を友達と伝え合い，同じところと違うところを確かめる。	共有
ニャーゴ⑤	2	○グループで役割を決めて，人物の気持ちを想像しながら音読する。	共有
		○137ページ「ふりかえる」で，単元の学びをふり返る。	ふり返り

| 2年 | 東書 | 教科書【上】：p.138～139　配当時数：3時間　配当月：9月 |

にた　いみの　ことば

到達目標

≫知識・技能

○身近なことを表す語句の量を増し，話や文章の中で使うとともに，語彙を豊かにすることができる。

○新しく習う漢字を正しく読んだり書いたりすることができる。

≫主体的に学習に取り組む態度　　※「主体的に学習に取り組む態度」は方向目標を示しています。

○似た意味を表す言葉や，似た意味の言葉で違いのある言葉を集め，語彙を増やそうとする。

評価規準

≫知識・技能

○似た意味を表す語句の量を増やし，話や文章の中で使うとともに，語彙を豊かにしている。

○新しく習う漢字を正しく読んだり書いたりしている。

● 対応する学習指導要領の項目：(1) エ，オ

≫主体的に学習に取り組む態度

○教科書や本，身の回りから，似た意味を表す言葉をたくさん集めている。

学習活動

小単元名	時数	学習活動	学習の過程
にた　いみの　ことば	3	○138 ページの例を読んで，似た意味の言葉について知る。 ・138 ページ下段の設問で確かめる。 ○139 ページを読んで，似た意味の言葉でも，違いがあることを確かめる。 ・139 ページ下段の設問で確かめる。 ・ほかにも，似た意味の言葉や，似た意味でも違いのある言葉を集める。	

133

| 2年 | 東書 |

教科書【上】：p.142〜147　配当時数：10時間　配当月：10月

絵を　見て　お話を　書こう

主領域　B書くこと

到達目標

≫知識・技能
○長音，拗音，促音，撥音などの表記，助詞の「は」，「へ」及び「を」の使い方，句読点の打ち方，かぎ（「　」）の使い方を理解して文や文章の中で使うことができる。
○新しく習う漢字を正しく読んだり書いたりすることができる。

≫思考・判断・表現
○自分の考えが明確になるように，事柄の順序に沿って簡単な構成を考えることができる。
○文と文との続き方に注意しながら，内容のまとまりがわかるように書き表し方を工夫することができる。
○文章に対する感想を伝え合い，お互いの文章の内容や表現のよいところを見つけることができる。
○簡単な物語をつくるなど，想像したことを書く活動ができる。

≫主体的に学習に取り組む態度　※「主体的に学習に取り組む態度」は方向目標を示しています。
○絵を見て，出来事がつながるように場面の様子を想像してお話を書こうとする。

評価規準

≫知識・技能
○長音，拗音，促音，撥音などの表記，助詞の「は」，「へ」及び「を」の使い方，句読点の打ち方，かぎ（「　」）の使い方を理解してお話を書いている。
○新しく習う漢字を正しく読んだり書いたりしている。

●対応する学習指導要領の項目：(1) ウ，エ

≫思考・判断・表現
○出来事がつながるように，事柄の順序に沿って簡単な構成を考えている。
○お話の続き方に注意しながら，内容のまとまりがわかるように書き表し方を工夫している。
○お話を読み合い，お互いの文章の内容や表現のよいところを見つけている。
○簡単な物語をつくるなど，想像したことを書く活動をしている。

●対応する学習指導要領の項目：B (1) イ，ウ，オ　(2) ウ

≫主体的に学習に取り組む態度
○絵を見て，出来事がつながるように場面の様子を具体的に想像してお話を書いている。

学習活動

小単元名	時数	学習活動	学習の過程
絵を 見て お話を 書こう①	1	○142 ページを読んで，学習のめあてを確かめる。	見通し
絵を 見て お話を 書こう②	2	○絵を見て想像する。 ・①・②・④の場面の絵や会話などを参考に，③の場面を想像する。	構成の検討
絵を 見て お話を 書こう③	5	○③の場面のお話を考えて書く。 ・人物がすることや，言うことをよく考えて書く。 ・144・145 ページの文章を参考にする。	考えの形成　記述
絵を 見て お話を 書こう④	2	○お話を読み合い，楽しいと思ったところや，おもしろいと思ったところを伝え合う。	共有
		○147 ページ「ふりかえる」で，単元の学びをふり返る。	ふり返り

| 2年 | 東書 |

教科書【下】：p.8〜22　配当時数：15時間　配当月：10月

どうぶつの　ひみつを　さぐろう

ビーバーの　大工事

| 主領域 | C読むこと　| 領域 | B書くこと

| 関連する道徳の内容項目 | D自然愛護

到達目標

≫知識・技能
○事柄の順序など情報と情報との関係について理解することができる。
○新しく習う漢字を正しく読んだり書いたりすることができる。

≫思考・判断・表現
○文章の中の重要な語や文を考えて選び出すことができる。
○文章を読んで感じたことやわかったことを共有することができる。
○学校図書館などを利用し，図鑑や科学的なことについて書いた本などを読み，わかったことなどを説明する活動ができる。
○文と文との続き方に注意しながら，内容のまとまりがわかるように書き表し方を工夫することができる。

≫主体的に学習に取り組む態度　※「主体的に学習に取り組む態度」は方向目標を示しています。
○ビーバーがダムを作れるわけと，何のために作るのかを読もうとする。
○ビーバーやほかの動物の秘密を調べようとする。
○調べたことを紹介しようとする。

評価規準

≫知識・技能
○ビーバーがどのようにダムを作るかなど，情報と情報との関係について理解している。
○新しく習う漢字を正しく読んだり書いたりしている。
　　　　　　　　　　　　　　　　　　　　　　　　● 対応する学習指導要領の項目：(1) エ　(2) ア

≫思考・判断・表現
○ビーバーのダムの作り方について，重要な語や文を選び出している。
○文章を読んで感じたことやわかったことを共有している。
○学校図書館などを利用し，図鑑や動物のことについて書いた本を読み，調べたことを紹介する活動をしている。
　　　　　　　　　　　　　　　　　　　　　● 対応する学習指導要領の項目：C (1) ウ，カ　(2) ウ
○動物の秘密について，文と文との続き方に注意しながら，内容のまとまりがわかるように書き表し方を工夫している。
　　　　　　　　　　　　　　　　　　　　　　　　　　● 対応する学習指導要領の項目：B (1) ウ

≫主体的に学習に取り組む態度
○ビーバーがダムを作れるわけと，何のために作るのかを読み取っている。
○ビーバーやほかの動物の秘密を調べている。
○調べたことを紹介している。

学習活動

小単元名	時数	学習活動	学習の過程
ビーバーの　大工事①	1	○18〜22ページの「てびき」を読んで，学習のめあてをつかむ。	見通し
ビーバーの　大工事②	6	○ビーバーの秘密を確かめる。 ・どんなことが，どんな順序で説明されているか。	構造と内容の把握
		・ビーバーはなぜダムを作ることができるのか。 ・何のためにダムを作るのか。	精査・解釈
		○ビーバーの秘密で，いちばんおどろいたことを話し合う。	考えの形成
ビーバーの　大工事③	1	○どんなことを調べるのかを考える。 ・ビーバーやほかの動物の，どんなことを調べたいか話し合う。	考えの形成
ビーバーの　大工事④	4	○動物の秘密を調べて紹介する。 ・20ページや，23〜25ページを読んで，本を使っての調べ方を確かめる。	考えの形成
		・調べたことは，カードやノートに書いておく。	考えの形成　記述
ビーバーの　大工事⑤	2	○調べたことから，紹介することをまとめる。 ・21ページ「まとめる　れい」を参考にする。	考えの形成　記述
ビーバーの　大工事⑥	1	○友達に紹介したり，友達の紹介を聞いたりして，思ったことや考えたことを伝え合う。	共有
		○22ページ「ふりかえる」で，単元の学びをふり返る。	ふり返り

2年

| 2年 | 東書 | 教科書【 下 】：p.26～27　配当時数：3 時間　配当月：10 月 |

主語と　じゅつ語

到達目標

≫知識・技能

○文の中における主語と述語との関係に気づくことができる。

○新しく習う漢字を正しく読んだり書いたりすることができる。

≫主体的に学習に取り組む態度　※「主体的に学習に取り組む態度」は方向目標を示しています。

○主語と述語のつながりを理解し，主述のそろった正しい文を読んだり書いたりしようとする。

評価規準

≫知識・技能

○文の中における主語と述語との関係に気づいている。

○新しく習う漢字を正しく読んだり書いたりしている。

● 対応する学習指導要領の項目：(1) エ，カ

≫主体的に学習に取り組む態度

○主語と述語のつながりを理解し，主述のそろった正しい文を読んだり書いたりしている。

学習活動

小単元名	時数	学習活動	学習の過程
主語と　じゅつ語①	2	○26 ページを読み，主語・述語がどういう言葉なのかを理解する。 ○27 ページ上段の設問を学習し，主語と述語について考える。 ・文が続くときは，主語を書かないこともあることを知る。	
主語と　じゅつ語②	1	○「ビーバーの大工事」の文から，主語と述語を指摘する。	

| 2年 | 東書 |

教科書【下】：p.28〜32　配当時数：7時間　配当月：11月

あそび方を　せつ明しよう

| 主領域 | B書くこと

到達目標

≫知識・技能
○長音，拗音，促音，撥音などの表記，助詞の「は」，「へ」及び「を」の使い方，句読点の打ち方，かぎ（「　」）の使い方を理解して文や文章の中で使うことができる。
○新しく習う漢字を正しく読んだり書いたりすることができる。

≫思考・判断・表現
○自分の思いや考えが明確になるように，事柄の順序に沿って簡単な構成を考えることができる。
○文と文との続き方に注意しながら，内容のまとまりがわかるように書き表し方を工夫することができる。
○文章を読み返す習慣を付けるとともに，間違いを正したり，語と語や文と文との続き方を確かめたりすることができる。

≫主体的に学習に取り組む態度　※「主体的に学習に取り組む態度」は方向目標を示しています。
○手作りおもちゃの遊び方を，友達や1年生にもわかりやすく説明する文章を書こうとする。

評価規準

≫知識・技能
○長音，拗音，促音，撥音などの表記，助詞の「は」，「へ」及び「を」の使い方，句読点の打ち方，かぎ（「　」）の使い方を理解して遊び方を説明する文章を書いている。
○新しく習う漢字を正しく読んだり書いたりしている。
　　　　　　　　　　　　　　　　　　　　　　　●対応する学習指導要領の項目：(1) ウ，エ

≫思考・判断・表現
○作ったおもちゃの遊び方を説明する文章について，事柄の順序に沿って簡単な構成を考えている。
○文と文との続き方に注意しながら，手作りおもちゃの遊び方が伝わるように書き表し方を工夫している。
○書いた文章を読み返して間違いを正したり，語と語や文と文との続き方を確かめたりしている。
　　　　　　　　　　　　　　　　　　　　　●対応する学習指導要領の項目：B (1) イ，ウ，エ

≫主体的に学習に取り組む態度
○自分が作ったおもちゃの遊び方を説明する文章を，友達や1年生にもわかりやすくなるよう工夫して書いている。

学習活動

小単元名	時数	学習活動	学習の過程
あそび方を　せつ明しよう①	1	○28ページを読んで，学習のめあてを確かめる。	見通し

139

あそび方を　せつ明しよう②	1	○説明することを考えて，メモやカードに書き出す。 ・29 ページ「石川さんの　カード」を参考にする。	題材の設定 情報の収集
あそび方を　せつ明しよう③	4	○遊び方を説明する文章を書く。 ・30 ページの「石川さんの　文しょう」が，「カード」をどのように参考にしているか確かめる。	考えの形成　記述
		○書いた文章を読み返して確かめる。 ・31 ページの，読み返しの観点や，校正記号を確かめる。	推敲
あそび方を　せつ明しよう④	1	○友達と読み合ったり，一年生に読んでもらったりする。	共有
		○32 ページ「ふりかえる」で，単元の学びをふり返る。	ふり返り

| 2年 | 東書 | 教科書【下】：p.34〜39　配当時数：7時間　配当月：11月 |

たからものを　しょうかいしよう

主領域　A話すこと・聞くこと

関連する道徳の内容項目　A個性の伸長　B親切，思いやり／友情，信頼

到達目標

》知識・技能

○言葉には，事物の内容を表す働きがあることに気づくことができる。

○新しく習う漢字を正しく読んだり書いたりすることができる。

》思考・判断・表現

○身近なことから話題を決め，伝え合うために必要な事柄を選ぶことができる。

○相手に伝わるように，行動したことや経験したことに基づいて，話す事柄の順序を考えることができる。

○伝えたい事柄や相手に応じて，声の大きさや速さなどを工夫することができる。

○紹介など伝えたいことを話したり，それらを聞いて確かめたり感想を述べたりする活動ができる。

》主体的に学習に取り組む態度　※「主体的に学習に取り組む態度」は方向目標を示しています。

○自分の宝物が聞き手によく伝わるように話の組み立てを考えて話そうとする。

○話を聞いて，思ったことや感じたことを伝えたり，もっと知りたいことを質問したりしようとする。

評価規準

》知識・技能

○自分の宝物を話すことで，言葉には，事物の内容を表す働きがあることに気づいている。

○新しく習う漢字を正しく読んだり書いたりしている。

━━━━● 対応する学習指導要領の項目：(1) イ，エ

》思考・判断・表現

○自分の宝物を紹介するために必要な事柄を選んでいる。

○相手に伝わるように，組み立てをもとに話す事柄の順序を考えている。

○相手に応じて，声の大きさや速さなどを工夫している。

○自分の宝物の紹介など伝えたいことを話したり，それらを聞いて確かめたり感想を述べたりする活動をしている。

━━━━● 対応する学習指導要領の項目：A (1) ア，イ，ウ　(2) ア

》主体的に学習に取り組む態度

○自分の宝物が聞き手によく伝わるように話の組み立てを考えて話している。

○宝物の紹介を聞いて，思ったことや感じたことを伝えたり，もっと知りたいことを質問したりしている。

学習活動

小単元名	時数	学習活動	学習の過程
たからものを しょうかいしよう①	2	○34 ページを読んで，学習のめあてを確かめる。	見通し
		○35 ページ「教師の たからものの 話」を読み，「はじめ」「中」「おわり」の組み立てを確かめる。 ・それぞれのまとまりでどんなことを話しているか。	話題の設定 情報の収集
たからものを しょうかいしよう②	2	○自分の宝物について，話すことを考える。	話題の設定 情報の収集
		・36 ページ「木村さんの メモ」を参考に，組み立てを考える。	内容の検討 考えの形成
たからものを しょうかいしよう③	2	○隣同士で話す練習をし，気がついたことを伝え合う。 ・37 ページ「木村さんの 話」で，「メモ」がどのように生かされているか確かめる。	内容の検討 考えの形成
たからものを しょうかいしよう④	1	○自分の宝物についてみんなの前で話す。 ・話を聞いたら，思ったことや感じたことを伝えたり，もっと知りたいことを質問したりする。	共有
		○39 ページ「ふりかえる」で，単元の学びをふり返る。	ふり返り

| 2年 | 東書 | 教科書【下】：p.40〜41　配当時数：3時間　配当月：11月 |

なかまに　なる　ことば

到達目標

≫知識・技能

○身近なことを表す語句の量を増し，話や文章の中で使うとともに，語彙を豊かにすることができる。

○新しく習う漢字を正しく読んだり書いたりすることができる。

≫主体的に学習に取り組む態度　　※「主体的に学習に取り組む態度」は方向目標を示しています。

○「仲間になる言葉」を集めたり，「その仲間をまとめてよぶ言葉」で分類したりすることで語彙を増やそうとする。

評価規準

≫知識・技能

○「季節」「家族」など，仲間になる言葉を知って話や文章の中で使うとともに，語彙を豊かにしている。

○新しく習う漢字を正しく読んだり書いたりしている。

● 対応する学習指導要領の項目：(1) エ，オ

≫主体的に学習に取り組む態度

○「仲間になる言葉」を集めたり，「その仲間をまとめてよぶ言葉」で分類したりすることで語彙を増やしている。

学習活動

小単元名	時数	学習活動	学習の過程
なかまに　なる　こと ば①	2	○ものの名前や事柄の名前を表す言葉で，「仲間になる言葉」がわ かる。 ・「仲間になる言葉」と「その仲間をまとめてよぶ言葉」を確かめる。	
なかまに　なる　こと ば②	1	○身の回りにある言葉から，「仲間になる言葉」を集め，「その仲間 をまとめてよぶ言葉」を確かめる。	

2年	東書

教科書【下】：p.44～47　配当時数：5時間　配当月：11月

同じ　ところ，ちがう　ところ

主領域　B書くこと

関連する道徳の内容項目　D自然愛護

到達目標

≫知識・技能

○共通，相違など情報と情報との関係について理解することができる。

○新しく習う漢字を正しく読んだり書いたりすることができる。

≫思考・判断・表現

○経験したことから書くことを見つけ，必要な事柄を集めたり確かめたりして，伝えたいことを明確にすることができる。

○自分の思いや考えが明確になるように，事柄の順序に沿って簡単な構成を考えることができる。

○文と文との続き方に注意しながら，内容のまとまりがわかるように書き表し方を工夫することができる。

≫主体的に学習に取り組む態度　※「主体的に学習に取り組む態度」は方向目標を示しています。

○2つのものを比べて，同じところと違うところを整理して，読む人がわかりやすい文章を書こうとする。

評価規準

≫知識・技能

　○2つのものを比べ，共通点や相違点など情報と情報との関係について理解している。

　○新しく習う漢字を正しく読んだり書いたりしている。

● 対応する学習指導要領の項目：(1) エ　 (2) ア

≫思考・判断・表現

　○2つのものを比べ，必要な事柄を集めたり確かめたりして，伝えたいことを明確にしている。

　○比べてわかったことから整理した自分の考えが明確になるように，簡単な構成を考えている。

　○文と文との続き方に注意しながら，読む人がわかりやすいように書き表し方を工夫している。

● 対応する学習指導要領の項目：B (1) ア，イ，ウ

≫主体的に学習に取り組む態度

　○2つのものを比べて，同じところと違うところを整理し，読む人がわかりやすい文章になるように工夫して書いている。

学習活動

小単元名	時数	学習活動	学習の過程
同じ　ところ，違う　ところ①	1	○44ページを読んで，学習のめあてを確かめる。	見通し

同じ　ところ，違う ところ②	4	○何と何を比べるのかを決めて比べ，わかったことを表にまとめる。 ・45 ページ「田中さんの　ひょう」を参考に，同じところや違うところを確かめる。	題材の設定 情報の収集
		○文章を書く。 ・「ひょう」にまとめたことを，同じところと違うところに整理して，わかったことを文章に書く。 ・46 ページ「田中さんの　文しょう」が，「ひょう」をどのように参考にしているか確かめる。	考えの形成　記述
		○47 ページ「ふりかえる」で，単元の学びをふり返る。	ふり返り

| 2年 | 東書 | 教科書【下】：p.48〜63　配当時数：12時間　配当月：11月 |

読んだ　かんそうを　つたえ合おう

お手紙

主領域　C読むこと　　領域　B書くこと

関連する道徳の内容項目　B親切，思いやり／友情，信頼

到達目標

≫知識・技能
○文の中における主語と述語との関係に気づくことができる。
○新しく習う漢字を正しく読んだり書いたりすることができる。

≫思考・判断・表現
○場面の様子に着目して，登場人物の行動を具体的に想像することができる。
○文章の内容と自分の体験とを結び付けて，感想をもつことができる。
○物語などを読んで，内容や感想などを伝え合う活動ができる。
○文と文との続き方に注意しながら，内容のまとまりがわかるように書き表し方を工夫することができる。

≫主体的に学習に取り組む態度　　※「主体的に学習に取り組む態度」は方向目標を示しています。
○場面ごとに，移り変わっていく登場人物の様子や気持ちを想像しながら読もうとする。

評価規準

≫知識・技能
○がまくんかかえるくんか，文の中における主語に注意している。
○新しく習う漢字を正しく読んだり書いたりしている。
　　　　　　　　　　　　　　　　　　　　　　　　　● 対応する学習指導要領の項目：(1) エ，カ

≫思考・判断・表現
○場面の移り変わりに着目して，がまくんとかえるくんの行動を具体的に想像している。
○がまくんとかえるくんの気持ちを，自分の体験と結び付けて想像している。
○「お手紙」を読んで，内容や感想などを伝え合う活動をしている。
　　　　　　　　　　　　　　　　　　　　● 対応する学習指導要領の項目：C (1) エ，オ　 (2) イ
○場面の移り変わりに注意しながら，がまくんとかえるくんのしたことや様子がわかるように書き表し方を工夫している。
　　　　　　　　　　　　　　　　　　　　　　　　　● 対応する学習指導要領の項目：B (1) ウ

≫主体的に学習に取り組む態度
○がまくんとかえるくんがしたことと，様子を思いうかべながら読んでいる。
○もし自分が，がまくんやかえるくんだったらどんな気持ちになるかを考えている。
○場面ごとに，移り変わっていくがまくんとかえるくんの様子や気持ちを想像しながら読んでいる。

学習活動

小単元名	時数	学習活動	学習の過程
お手紙①	1	○61～63 ページの「てびき」を読んで，学習のめあてをつかむ。	見通し
お手紙②	9	○登場人物がしたことと，様子を思いうかべながら読む。	精査・解釈
		○場面に分け，場面ごとに，がまくんとかえるくんがしたことと様子をノートに書く。	構造と内容の把握 精査・解釈
		・がまくんとかえるくんの気持ちはどのように変わったか。	精査・解釈
		・もし自分が，がまくんやかえるくんだったらどんな気持ちになるか。	考えの形成
お手紙③	2	○「お手紙」を読んだ感想を伝え合う。 ・友達と感想を伝え合い，同じところや違うところを確かめる。	共有
		○63 ページ「ふりかえる」で，単元の学びをふり返る。	ふり返り

2年

| 2年 | 東書 |

教科書【下】：p.64〜65　配当時数：3時間　配当月：12月

おくりがなに　気を　つけよう

到達目標

≫知識・技能
○第2学年までに配当されている漢字を読み，漸次書き，文や文章の中で使うことができる。
○新しく習う漢字を正しく読んだり書いたりすることができる。

≫主体的に学習に取り組む態度　　※「主体的に学習に取り組む態度」は方向目標を示しています。
○送り仮名について理解し，送り仮名に気をつけながら文の中で正しく漢字を書こうとする。

評価規準

≫知識・技能
○送り仮名を正しく使って漢字を書いている。
○新しく習う漢字を正しく読んだり書いたりしている。

● 対応する学習指導要領の項目：(1) エ

≫主体的に学習に取り組む態度
○送り仮名について理解し，送り仮名が漢字の読み方や意味をはっきりさせることに気をつけながら送り仮名を正しく使って漢字を書いている。

学習活動

小単元名	時数	学習活動	学習の過程
おくりがなに　気を つけよう①	2	○64ページを読み，送り仮名の働きやきまりを理解する。 ○65ページの設問を学習し，漢字の送り仮名を考えて，正しく書く。	
おくりがなに　気を つけよう②	1	○下巻の教科書から，漢字と送り仮名の付いた言葉を探す。	

| 2年 | 東書 |

教科書【下】：p.66～70　配当時数：5時間　配当月：12月

「ありがとう」を　つたえよう

主領域　B書くこと

関連する道徳の内容項目　B感謝／礼儀

到達目標

≫知識・技能
○丁寧な言葉と普通の言葉との違いに気をつけて使うとともに，敬体で書かれた文章に慣れることができる。
○新しく習う漢字を正しく読んだり書いたりすることができる。

≫思考・判断・表現
○経験したことから書くことを見つけ，必要な事柄を集めたり確かめたりして，伝えたいことを明確にすることができる。
○文章を読み返す習慣を付けるとともに，間違いを正したり，語と語や文と文との続き方を確かめたりすることができる。
○手紙を書くなど，思ったことや伝えたいことを書く活動ができる。

≫主体的に学習に取り組む態度　※「主体的に学習に取り組む態度」は方向目標を示しています。
○「ありがとう」の気持ちを伝えたい人へ手紙を書いて，その気持ちを伝えようとする。

評価規準

≫知識・技能
○丁寧な言葉と普通の言葉との違いがわかり，お礼の手紙は敬体で書くことを理解している。
○新しく習う漢字を正しく読んだり書いたりしている。

● 対応する学習指導要領の項目：(1) エ，キ

≫思考・判断・表現
○「ありがとう」を伝えるために，助けてもらったことや，してもらってうれしかったことなど，伝えたいことを明確にしている。
○手紙を書いて文章を読み返し，字の間違いや言葉の使い方を確かめている。
○手紙を書くなど，思ったことや伝えたいことを書く活動をしている。

● 対応する学習指導要領の項目：B (1) ア，エ　(2) イ

≫主体的に学習に取り組む態度
○助けてもらったこと，してもらってうれしかったことについて「ありがとう」の手紙を書いて，相手にその気持ちを伝えている。

学習活動

小単元名	時数	学習活動	学習の過程
「ありがとう」を　つ　たえよう①	1	○66ページを読んで，学習のめあてを確かめる。	見通し
「ありがとう」を　つ　たえよう②	1	○手紙に書くことを考える。 ・67・68ページの手紙の文例を読み，書くときに気をつけることを確かめる。	題材の選定 内容の検討
「ありがとう」を　つ　たえよう③	2	○感謝を伝える手紙を書く。 ・伝える相手を決めて，伝えたいことをよく思い出して，「ありがとう」の気持ちを手紙に書く。	考えの形成　記述
「ありがとう」を　つ　たえよう④	1	○書いたものを声に出して読み返し，字の間違いや言葉の使い方を確かめる。	推敲
		○70ページ「ふりかえる」で，単元の学びをふり返る。	ふり返り

| 2年 | 東書 | 教科書【下】：p.72〜75　配当時数：6時間　配当月：12月 |

どんな　本を　読んだかな

主領域　C読むこと

関連する道徳の内容項目　A個性の伸長

2年

到達目標

≫知識・技能

○読書に親しみ，いろいろな本があることを知ることができる。

○新しく習う漢字を正しく読んだり書いたりすることができる。

≫思考・判断・表現

○文章を読んで感じたことやわかったことを共有することができる。

≫主体的に学習に取り組む態度　※「主体的に学習に取り組む態度」は方向目標を示しています。

○今までに読んできた本について，友達と伝え合おうとしている。

評価規準

≫知識・技能

○読書に親しみ，いろいろな本に触れている。

○新しく習う漢字を正しく読んだり書いたりしている。

● 対応する学習指導要領の項目：(1) エ　(3) エ

≫思考・判断・表現

○「カード」をもとに友達と話し合い，感じたことやわかったことを共有している。

● 対応する学習指導要領の項目：C (1) カ

≫主体的に学習に取り組む態度

○今までに読んできた本を紹介したり紹介してもらったりしている。

学習活動

小単元名	時数	学習活動	学習の過程
どんな　本を　読んだかな①	1	○72 ページを読んで，学習のめあてを確かめる。	見通し
どんな　本を　読んだかな②	2	○今までに読んだ本を思い出す。 ・73 ページ「石川さんの　カード」を参考に，読んでおもしろかった本の，題名，書いた人，おもしろかったことなどをカードに書き出す。	考えの形成

151

どんな　本を　読んだ かな③	3	○読んだ本について伝え合う。 ・書いたカードを友達と交換して，読んだ本について伝え合う。	共有
		○74ページ「ふりかえる」で，単元の学びをふり返る。 ○75ページ「二年生の　本だな」を参考にして，ほかの本に読み広げる。	ふり返り

| 2年 | 東書 | 教科書【下】：p.78〜95　配当時数：14時間　配当月：1月 |

むかし話を　しょうかいしよう

かさこじぞう

主領域　C読むこと　　領域　B書くこと

関連する道徳の内容項目　A正直，誠実　B親切，思いやり

到達目標

≫知識・技能

○昔話や神話・伝承などのお話を読むなどして，我が国の伝統的な言語文化に親しむことができる。

○読書に親しみ，いろいろな本があることを知ることができる。

○新しく習う漢字を正しく読んだり書いたりすることができる。

≫思考・判断・表現

○場面の様子に着目して，登場人物の行動を具体的に想像することができる。

○文章を読んで感じたことやわかったことを共有することができる。

○物語などを読んで，内容や感想などを伝え合う活動ができる。

○文章に対する感想を伝え合い，文章の内容や表現のよいところを見つけることができる。

≫主体的に学習に取り組む態度　※「主体的に学習に取り組む態度」は方向目標を示しています。

○物語の初めと終わりに着目しながら，じいさまとばあさまがどのように変わったのか，想像を広げながら読もうとする。

○好きな昔話を選び，おもしろいと思うところを見つけ，カードに書いて友達と伝え合おうとする。

評価規準

≫知識・技能

○「かさこじぞう」を読んで，伝統的な言語文化に親しんでいる。

○読書に親しみ，いろいろな本に触れている。

○新しく習う漢字を正しく読んだり書いたりしている。

● 対応する学習指導要領の項目：(1) エ　(3) ア，エ

≫思考・判断・表現

○初めと終わりの場面に着目して，じいさまとばあさまの様子を具体的に想像している。

○「かさこじぞう」を読んで感じたことやわかったことを共有している。

○いろいろな昔話を読んで，内容や感想などを伝え合う活動をしている。

● 対応する学習指導要領の項目：C (1) エ，カ　(2) イ

○昔話のおもしろかったところをカードで伝え合い，カードの内容のよいところを見つけている。

● 対応する学習指導要領の項目：B (1) オ

≫主体的に学習に取り組む態度

○「かさこじぞう」の中から，「〜ましたと」や「〜のう」など独特な表現を探して音読している。

○物語の初めと終わりに着目しながら，じいさまとばあさまがどのように変わったのか，想像を広げながら読んでいる。

○好きな昔話を選び，おもしろいと思うところを見つけてカードに書き，友達と伝え合っている。

153

学習活動

小単元名	時数	学習活動	学習の過程
かさこじぞう①	1	○91～95ページの「てびき」を読んで，学習のめあてをつかむ。	見通し
かさこじぞう②	1	○今のお話にはない言い方を探して音読する。 ・「ありましたと。」「『ほんにのう。』」「とんぼり　とんぼり」など	構造と内容の把握
かさこじぞう③	7	○お話の中で起こった出来事を確かめる。 ・どんな人物が出てきたか。 ・じいさまとばあさまは，初めの場面でどんなことに困っていたか。 ・困っていたことが，終わりの場面ではどうなったか。 ・じぞうさまは，なぜ，お正月の餅などを持ってきたのか。	精査・解釈
かさこじぞう④	5	○昔話のおもしろいところを見つける。	考えの形成
		・95ページの本も参考にして，おもしろいところを探しながら，昔話を読む。	考えの形成　記述
		・93ページのカードの書き方を参考に，おもしろかったところをカードに書いて，友達と伝え合う。	記述　共有
		○94ページ「ふりかえる」で，単元の学びをふり返る。	ふり返り

| 2年 | 東書 | 教科書【下】：p.96～98　配当時数：3時間　配当月：1月 |

声に　出して　みよう

到達目標

知識・技能

○音節と文字との関係，アクセントによる語の意味の違いなどに注意して話すことができる。

○新しく習う漢字を正しく読んだり書いたりすることができる。

主体的に学習に取り組む態度　　※「主体的に学習に取り組む態度」は方向目標を示しています。

○音節と文字との関係や，アクセントによる意味の違いについて理解しようとする。

評価規準

知識・技能

○音節と文字との関係，アクセントによる語の意味の違いなどに注意して話している。

○新しく習う漢字を正しく読んだり書いたりしている。

● 対応する学習指導要領の項目：(1) イ，エ

主体的に学習に取り組む態度

○促音や拗音の音節と文字との関係や，同じ読み方の言葉のアクセントによる意味の違いについて理解している。

学習活動

小単元名	時数	学習活動	学習の過程
声に　出して　みよう①	2	○文字と音節の関係を理解し，身の回りの言葉について音節の数を調べる。 ・促音の付いた字は一音節とする。 ○アクセントが違うと別の意味になる言葉を確かめる。 ・97ページ下段の設問を学習し，同じ読み方の言葉でもアクセントによって別の意味になることを確かめる。	
声に　出して　みよう②	1	○身の回りにある言葉について，音節の数やアクセントを確かめる。 ・音節の数を確かめたり，アクセントの違いによって別の意味になる言葉があることを確かめたりする。	

| 2年 | 東書 | 教科書【下】：p.100〜105　配当時数：6時間　配当月：1月 |

つたえたい　ことのは

おばあちゃんに　聞いたよ

主領域　B書くこと

関連する道徳の内容項目　C伝統と文化の尊重，国や郷土を愛する態度

到達目標

》知識・技能
○長く親しまれている言葉遊びを通して，言葉の豊かさに気づくことができる。

》思考・判断・表現
○経験したことや想像したことなどから書くことを見つけ，必要な事柄を集めたり確かめたりして，伝えたいことを明確にすることができる。

》主体的に学習に取り組む態度　※「主体的に学習に取り組む態度」は方向目標を示しています。
○昔から伝わるいろいろな言い方について知り，声に出して読んだり，「いろはかるた」などで楽しんだりする。

評価規準

》知識・技能
○「十二支」「いろは歌」など長く親しまれている言葉を通して，日本語の言葉の豊かさに気づいている。
　　　　　　　　　　　　　　　　　　　　　　　　　　　　　　　　　　　　　● 対応する学習指導要領の項目：(3) イ

》思考・判断・表現
○「いろはかるた」や「郷土かるた」をまねしてかるたを作るために，必要な事柄を集め，「かるた」遊びを楽しんでいる。
　　　　　　　　　　　　　　　　　　　　　　　　　　　　　　　　　　　　　● 対応する学習指導要領の項目：B (1) ア

》主体的に学習に取り組む態度
○「十二支」「小の月」「いろは歌」「いろはかるた」「郷土かるた」などを声に出して読んだり，かるたで楽しんだりしている。

学習活動

小単元名	時数	学習活動	学習の過程
おばあちゃんに　聞いたよ①	1	○「十二支」について知り，音読したり絵本を読んだりする。 ・自分の干支を確かめる。	題材の設定 情報の収集
おばあちゃんに　聞いたよ②	2	○「小の月」「いろは歌」について知り，繰り返し音読する。	題材の設定 情報の収集

| おばあちゃんに　聞いたよ③ | 3 | ○「いろはかるた」や「郷土かるた」で遊んだり，昔から伝わるいろいろな言い方を探したりする。 | 考えの形成 |
| | | ・自分たちでも，「いろはかるた」や「郷土かるた」をまねして，かるたを作り友達と遊んでみる。 | 記述　共有 |

| 2年 | 東書 |

教科書【下】：p.106〜113　配当時数：10時間　配当月：2月

この　人を　しょうかいします

主領域　B書くこと

到達目標

≫知識・技能
○事柄の順序など情報と情報との関係について理解することができる。
○新しく習う漢字を正しく読んだり書いたりすることができる。

≫思考・判断・表現
○自分の考えが明確になるように，事柄の順序に沿って簡単な構成を考えることができる。
○語と語や文と文との続き方に注意しながら，内容のまとまりがわかるように書き表し方を工夫することができる。
○文章に対する感想を伝え合い，自分の文章の内容や表現のよいところを見つけることができる。
○身近なことを報告したり，観察したことを記録したりするなど，見聞きしたことを書く活動ができる。

≫主体的に学習に取り組む態度　　※「主体的に学習に取り組む態度」は方向目標を示しています。
○身の回りの人で，友達や教師に紹介したい人について紹介することを事柄に分けて整理し，相手に伝わるように工夫して紹介文を書こうとする。

評価規準

≫知識・技能
○紹介することを，事柄ごとに分けて整理するとよいことを理解している。
○新しく習う漢字を正しく読んだり書いたりしている。
● 対応する学習指導要領の項目：(1) エ　　(2) ア

≫思考・判断・表現
○伝えたいことが明確になるように，事柄の順序に沿って簡単な構成を考えている。
○紹介する人がどんな人か，伝えたいことのまとまりに気をつけて書き表し方を工夫している。
○紹介文に対する感想を伝え合い，内容や表現のよいところを見つけている。
○身の回りの人で紹介する人について，観察したり見聞きしたりしたことを書く活動をしている。
● 対応する学習指導要領の項目：B (1) イ，ウ，オ　　(2) ア

≫主体的に学習に取り組む態度
○身の回りの人で，友達や教師に紹介したい人について，紹介することを事柄に分けて整理し，相手に伝わるように工夫して紹介文を書いている。

学習活動

小単元名	時数	学習活動	学習の過程
この 人を しょうか いします①	1	○106ページを読んで，学習のめあてを確かめる。	見通し
この 人を しょうか いします②	4	○身の回りの人で，紹介したい人を決める。	題材の設定
		○紹介することを整理する。 ・どんな人か，どんなことを伝えたいかをカードに書く。	情報の収集
		・書いたカードを並べ替え，どんな順で書くと伝わりやすいか，文章の組み立てを考える。 ・108・109ページの，田中さんの例を参考にする。	内容の検討 構成の検討
この 人を しょうか いします③	3	○人物を紹介する文章を書く。 ・考えた組み立てをもとに，言葉や文の続き方，伝えたいことのまとまりに気をつけて書く。	記述
		・110・111ページ，田中さんの文章を参考にする。	記述　推敲
この 人を しょうか いします④	2	○紹介文を友達と読み合う。 ・よく書けているところ，すてきだなと思ったことやもっと知りたいことなどを伝え合う。	共有
		○113ページ「ふりかえる」で，単元の学びをふり返る。	ふり返り

2年

159

| 2年 | 東書 | 教科書【下】：p.114〜118　配当時数：6時間　配当月：2月 |

ことばを　広げよう

主領域　B書くこと

到達目標

≫知識・技能
○言葉には，事物の内容を表す働きや，経験したことを伝える働きがあることに気づくことができる。
○言葉には意味による語句のまとまりがあることに気づき，語彙を豊かにすることができる。
○文の中における主語と述語との関係に気づくことができる。
○新しく習う漢字を正しく読んだり書いたりすることができる。

≫思考・判断・表現
○文章を読み返す習慣を付けるとともに，間違いを正したり，語と語や文と文との続き方を確かめたりすることができる。
○文章に対する感想を伝え合い，内容や表現のよいところを見つけることができる。

≫主体的に学習に取り組む態度　　※「主体的に学習に取り組む態度」は方向目標を示しています。
○思ったことや考えたことなどを伝えるとき，わかりやすく，詳しく説明するには，言葉をどのように使っているか考えようとする。

評価規準

≫知識・技能
○今まで使ってきた言葉をふり返ることで，言葉には，事物の内容を表す働きや，経験したことを伝える働きがあることに気づいている。
○動きや様子を表す語句のまとまりがあることに気づき，語彙を豊かにしている。
○主語と述語との関係や，修飾語の働きに気づいている。
○新しく習う漢字を正しく読んだり書いたりしている。

　　　　　　　　　　　　　　　　　　　　　　　　　　→ 対応する学習指導要領の項目：(1) ア，エ，オ，カ

≫思考・判断・表現
○これまでに書いた文章を読み返して，間違いを正したり，もっと詳しく説明する言葉やよりよい表現がないかどうか確かめたりしている。
○動きや様子を表す言葉を使った文章に対する感想を伝え合い，内容や表現のよいところを見つけている。

　　　　　　　　　　　　　　　　　　　　　　　　　　→ 対応する学習指導要領の項目：B (1) エ，オ

≫主体的に学習に取り組む態度
○思ったことや考えたことなどを伝えるとき，どのような言葉を使うとわかりやすく，詳しく伝えられるかを考えている。

学習活動

小単元名	時数	学習活動	学習の過程
ことばを　広げよう①	2	○115ページの2つの絵の内容を文に書いて説明する。 ・絵の中の人がどんな気持ちなのかも想像して書く。	考えの形成
ことばを　広げよう②	1	○116ページの「動きを表す言葉」を使って文を作る。 ○主語とともに，「なにを」「どこに（へ）」「だれと」など修飾語をつけて，文を作る。	推敲
ことばを　広げよう③	2	○様子や気持ちを表す言葉にはどんな言葉があるか，話し合いながら集める。 ・これまでに読んだ文章の中から探す。 ・その言葉と似た意味の言葉や，反対の意味の言葉など。	推敲
ことばを　広げよう④	1	○これまでに書いた文章を読み返し，もっと詳しく説明する言葉やよりよい言葉がないか，友達と話し合う。	共有

2年

| 2年 | 東書 | 教科書【下】：p.120〜131　配当時数：12時間　配当月：2月 |

あなの　やくわりを　考えよう

あなの　やくわり

| 主領域 | C読むこと | 領域 | B書くこと |

到達目標

≫知識・技能

○言葉には，事物の内容を表す働きがあることに気づくことができる。

○新しく習う漢字を正しく読んだり書いたりすることができる。

≫思考・判断・表現

○文章の中の重要な語や文を考えて選び出すことができる。

○文章の内容と自分の体験とを結び付けて，感想をもつことができる。

○事物の仕組みを説明した文章などを読み，わかったことや考えたことを述べる活動ができる。

○自分の思いや考えが明確になるように，事柄の順序に沿って簡単な構成を考えることができる。

≫主体的に学習に取り組む態度　※「主体的に学習に取り組む態度」は方向目標を示しています。

○穴の役割について読んだことを手掛かりに，身の回りにある穴とその役割を考え，考えたことを説明する文章を書こうとする。

評価規準

≫知識・技能

○「あなの　やくわり」を読むことで，言葉には，事物の内容を表す働きがあることに気づいている。

○新しく習う漢字を正しく読んだり書いたりしている。

　　　　　　　　　　　　　　　　　　　　　　　　　　　● 対応する学習指導要領の項目：(1) ア，エ

≫思考・判断・表現

○穴の役割を確かめるために重要な語や文を考えて選び出している。

○説明文の内容と自分の経験とを結び付けて，感想をもっている。

○「あなの　やくわり」を読み，わかったことや考えたことを話している。

　　　　　　　　　　　　　　　　　　　　● 対応する学習指導要領の項目：C (1) ウ，オ　　(2) ア

○身の回りの穴について考えたことが明確になるように，事柄の順序に沿って簡単な構成を考えている。

　　　　　　　　　　　　　　　　　　　　　　　　　　　● 対応する学習指導要領の項目：B (1) イ

≫主体的に学習に取り組む態度

○穴の役割について読んだことを手掛かりに，身の回りにある穴とその役割を考え，考えたことを説明する文章を書いている。

学習活動

小単元名	時数	学習活動	学習の過程
あなの　やくわり①	1	○128〜131 ページの「てびき」を読んで，学習のめあてをつかむ。	見通し
あなの　やくわり②	4	○書いてあることを確かめる。 ・教材文を「はじめ」「中」「おわり」に分け，「中」に書いてあることを確かめる。	構造と内容の把握
		・何のために穴が開いているか確かめる。	精査・解釈
あなの　やくわり③	4	○身の回りの穴の役割を考える。 ・文章を読んで思ったことや考えたことを確かめる。 ・身の回りの穴の開いているものを探し，その役割を考える。	考えの形成
あなの　やくわり④	2	○考えたことを文章にまとめる。 ・「はじめ」「中」「おわり」の組み立てを考える。	記述
あなの　やくわり⑤	1	○書いた文章を友達と読み合い，感想を伝え合う。	共有
		○131 ページ「ふりかえる」で，単元の学びをふり返る。	ふり返り

2年

| 2年 | 東書 | 教科書【 下 】：p.132〜137　配当時数：8時間　配当月：3月 |

すきな　場しょを　教えよう

主領域　A話すこと・聞くこと

到達目標

≫知識・技能
○姿勢や口形，発声や発音に注意して話すことができる。
○新しく習う漢字を正しく読んだり書いたりすることができる。

≫思考・判断・表現
○身近なことや経験したことなどから話題を決め，伝え合うために必要な事柄を選ぶことができる。
○伝えたい事柄や相手に応じて，声の大きさや速さなどを工夫することができる。
○紹介するなど伝えたいことを話したり，それらを聞いて確かめたり感想を述べたりする活動ができる。

≫主体的に学習に取り組む態度　※「主体的に学習に取り組む態度」は方向目標を示しています。
○自分の好きな場所が聞く人によく伝わるように，話す事柄を選び，組み立てを考えようとする。
○聞く人にわかるように，声の大きさや話す速さを考えて話そうとする。

評価規準

≫知識・技能
○姿勢や口形，発声や発音に注意して，みんなにわかりやすく話している。
○新しく習う漢字を正しく読んだり書いたりしている。
　　　　　　　　　　　　　　　　　　　　　　　　　● 対応する学習指導要領の項目：(1) イ，エ

≫思考・判断・表現
○自分の好きな場所をみんなに伝えるために必要な事柄を選んでいる。
○伝えたい事柄や相手に応じて，声の大きさや速さなどを工夫している。
○自分の好きな場所について話したり，それらを聞いて確かめたり感想を述べたりする活動をしている。
　　　　　　　　　　　　　　　　　　● 対応する学習指導要領の項目：A (1) ア，ウ　(2) ア

≫主体的に学習に取り組む態度
○自分の好きな場所が聞く人によく伝わるように，話す事柄を選び，組み立てを考えている。
○聞く人にわかるように，声の大きさや話す速さを考えて話している。
　　　　　　　　　　　　　　　　　　　　　　　　　　　　　　　　●

学習活動

小単元名	時数	学習活動	学習の過程
すきな　場しょを　教えよう①	1	○132 ページを読んで，学習のめあてを確かめる。	見通し

すきな 場しょを 教えよう②	2	○好きな場所から，みんなに話したい場所を1つ選ぶ。 ・どんなところが好きか，いつもなにをしているか。 ・134ページ下段「石川さんが 書き出した こと」を参考にする。	話題の設定 情報の収集
すきな 場しょを 教えよう③	3	○話すことを選ぶ。 ・「書き出した こと」から話すことを選び，組み立てを考える。	内容の検討 構成の検討
		○話す練習をする。 ・135ページ「石川さんの 話」の組み立てや内容を確かめる。 ・声の大きさ，話す速さなどを確かめる。	考えの形成
すきな 場しょを 教えよう④	2	○みんなの前で話す。 ・聞くときは，自分の話と同じところや違うところを考えながら聞く。	表現　共有
		○137ページ「ふりかえる」で，単元の学びをふり返る。	ふり返り

| 2年 | 東書 |

教科書【下】：p.138〜142　配当時数：7時間　配当月：3月

「ことばの　アルバム」を　作ろう

主領域　B書くこと

関連する道徳の内容項目　A個性の伸長／希望と勇気，努力と強い意志

到達目標

≫知識・技能

○長音，拗音，促音，撥音などの表記，助詞の「は」，「へ」及び「を」の使い方，句読点の打ち方，かぎ（「　」）の使い方を理解して文や文章の中で使うことができる。また，平仮名及び片仮名を読み，書くとともに，片仮名で書く語の種類を知り，文や文章の中で使うことができる。

≫思考・判断・表現

○文章を読み返す習慣を付けるとともに，間違いを正したり，語と語や文と文との続き方を確かめたりすることができる。
○文章に対する感想を伝え合い，自分の文章の内容や表現のよいところを見つけることができる。

≫主体的に学習に取り組む態度　※「主体的に学習に取り組む態度」は方向目標を示しています。

○これまでに書いた文章や詩と，1年間の思い出を文章に書いたものとをまとめて，「ことばの　アルバム」を作ろうとする。

評価規準

≫知識・技能

○長音，拗音，促音，撥音，助詞の「は・へ・を」，句読点，かぎ（「　」），平仮名及び片仮名を適切に使って文章を書いている。

→ 対応する学習指導要領の項目：(1) ウ

≫思考・判断・表現

○1年間でいちばん心に残っていることを文章に書き，字の間違いや言葉の使い方などを確かめている。
○1年間に書いてきた文章を読み返し，友達と交換して読み合いながら文章に対する感想を伝え合い，内容や表現のよいところを見つけている。

→ 対応する学習指導要領の項目：B (1) エ，オ

≫主体的に学習に取り組む態度

○これまでに書いた文章や詩と，1年間の思い出を文章に書いたものとを1冊にまとめて，「ことばの　アルバム」を作っている。

学習活動

小単元名	時数	学習活動	学習の過程
「ことばの　アルバム」を　作ろう①	1	○138ページを読んで，学習のめあてを確かめる。	見通し

「ことばの　アルバム」 を　作ろう②	3	○1年間に書いた文章を読み返す。 ・これまでに書いた文章を，書いた順に並べて読み返す。	考えの形成
		・読み返したら友達と交換して，互いの文章のよいところを見つけて伝え合う。	共有
「ことばの　アルバム」 を　作ろう③	2	○心に残っている出来事を書く。	記述
		・いちばん心に残っていることを，よく思い出して文章を書く。	情報の収集　記述
		・これまで文章を書くときに気をつけてきたことを思い出して書く。	推敲
「ことばの　アルバム」 を　作ろう④	1	○「ことばの　アルバム」を作る。 ・今回書いた文章と，1年間書いてきた文章を1冊にまとめて，「ことばの　アルバム」を完成させる。	共有
		○142ページ「ふりかえる」で，単元の学びをふり返る。	ふり返り

| 3年 | 東書 | 教科書【上】：p.10～11　配当時数：2時間　配当月：4月 |

何をしているのかな

| 主領域 | A話すこと・聞くこと |

| 関連する道徳の内容項目 | B相互理解，寛容 |

到達目標

≫知識・技能

○言葉には，考えたことや思ったことを表す働きがあることに気づくことができる。

○相手を見て話したり聞いたりできる。

○新しく習う漢字を正しく読んだり書いたりすることができる。

≫思考・判断・表現

○お互いの意見の共通点や相違点に着目することができる。

○相手に伝わるように理由や事例などを挙げながら話すことができる。

≫主体的に学習に取り組む態度　※「主体的に学習に取り組む態度」は方向目標を示しています。

○二人で話をつないでいくためには，相手の話を受けてどんな言葉で返すとよいのかを考えながら話そうとする。

○互いの意見の共通点や相違点に着目して対話しようとする。

評価規準

≫知識・技能

○話をつなぐための言葉を意識して話している。

○相手を受け入れる受け答えをしている。

○新しく習う漢字を正しく読んだり書いたりしている。

　　　　　　　　　　　　　　　　　　　　　　　　　　　● 対応する学習指導要領の項目：(1) ア，イ，エ

≫思考・判断・表現

○鳥獣戯画を見て感じたことや考えたことに違いがあることに着目して，話を聞いている。

○自分の考えを話すとき，なぜそう思ったのか理由を付け加えながら話している。

　　　　　　　　　　　　　　　　　　　　　　　　　　　● 対応する学習指導要領の項目：A (1) イ，オ

≫主体的に学習に取り組む態度

○二人で話をつないでいくために，相手の話に対してどんな言葉を返そうかと考えている。

○相手の話を聞いて，同意したり質問したりしながら対話している。

学習活動

小単元名	時数	学習活動	学習の過程
何をしているのかな①	1	○10・11ページを読んで，話をつないでいくには，どのように話したり，聞いたりしたらよいか確かめる。	話し合いの進め方の検討
		○鳥獣戯画の絵から何が起きているかを想像し，話し合う。	考えの形成　共有
何をしているのかな②	1	○ほかの絵や写真を見て，何が起きているかを想像して話し合う。	考えの形成　共有

| 3年 | 東書 |

教科書【上】：p.12〜13　配当時数：2時間　配当月：4月

くらべてみよう

| 主領域 | B書くこと |

到達目標

≫知識・技能

○比較や分類の仕方を理解し，使うことができる。

○新しく習う漢字を正しく読んだり書いたりすることができる。

≫思考・判断・表現

○書く目的を意識して，経験したことや想像したことなどから書くことを選ぶことができる。

○書く目的を意識して，集めた材料を比較したり，分類したりすることができる。

≫主体的に学習に取り組む態度　※「主体的に学習に取り組む態度」は方向目標を示しています。

○表に整理して比べるとどんなよい点があるのかを考えながら，表に整理したり話し合ったりしようとする。

評価規準

≫知識・技能

○石川さんの表が，それぞれのおやつのよいところ，あまりよくないところがよくわかるようになっていることを理解している。

○遊びについての表を作成している。

○新しく習う漢字を正しく読んだり書いたりしている。

　　　　　　　　　　　　　　　　　　　　　　　　　　●対応する学習指導要領の項目：(1) エ　(2) イ

≫思考・判断・表現

○何をして遊ぶとよいかを意識して，表を作成している。

○なわとび，トランプ，サッカーについて項目ごとに比べている。

　　　　　　　　　　　　　　　　　　　　　　　　　　●対応する学習指導要領の項目：B (1) ア

≫主体的に学習に取り組む態度

○表に整理して比べることで共通点や相違点がはっきりすることに気づき，観点に沿って整理して書いている。

○整理した表について，自分ならどれを選ぶか友達と話している。

学習活動

小単元名	時数	学習活動	学習の過程
くらべてみよう①	1	○12・13ページを読んで，表に整理することの利点を確かめる。 ○12ページの表を見ながら，おやつのよい点とあまりよくない点について話し合う。	内容の検討

| くらべてみよう② | 1 | ○遊びについての自分の表を作成して，気づいたことを伝え合う。 | 考えの形成　共有 |

| 3年 | 東書 | 教科書【上】：p.16〜29　配当時数：8時間　配当月：4月 |

物語を音読しよう

すいせんのラッパ

主領域　C読むこと　　領域　B書くこと

関連する道徳の内容項目　D自然愛護

到達目標

≫知識・技能

○文章全体の構成や大まかな内容を意識しながら音読できる。

○新しく習う漢字を正しく読んだり書いたりすることができる。

≫思考・判断・表現

○登場人物の行動や気持ちなどについて，叙述をもとに捉えることができる。

○物語の情景について，場面の移り変わりと結び付けて具体的に想像することができる。

○目的を意識し，想像したことから伝えたいことを明確にして書くことができる。

≫主体的に学習に取り組む態度　　※「主体的に学習に取り組む態度」は方向目標を示しています。

○登場人物の気持ちの変化や性格，情景について具体的に想像しながら物語を音読しようとする。

評価規準

≫知識・技能

○「すいせんのラッパ」の内容の大体を意識しながら音読している。

○すいせんやありたち，かえるたちの気持ちに合わせて声の大きさや声の調子を考えて音読している。

○新しく習う漢字を正しく読んだり書いたりしている。

　　　　　　　　　　　　　　　　　　　　　　　　●対応する学習指導要領の項目：(1) エ，ク

≫思考・判断・表現

○すいせんやありたち，かえるたちの行動や気持ちを，物語の叙述に沿って捉えている。

○場面ごとに，すいせんの行動や出てくる動物たちの様子，行動など池の周りの情景を具体的に想像している。

　　　　　　　　　　　　　　　　　　　　　　●対応する学習指導要領の項目：C (1) イ，エ

○学習した日付，内容，自分や友達の考えなどがわかるように，丁寧にノートに書いている。

　　　　　　　　　　　　　　　　　　　　　　　　　●対応する学習指導要領の項目：B (1) ア

≫主体的に学習に取り組む態度

○すいせんのラッパがどんな音かを想像して，工夫して音読している。

○ありたちやかえるたち，池の周りの様子がわかるように音読している。

○ありたちやかえるたちの様子がわかる文や言葉をノートに書いている。

学習活動

小単元名	時数	学習活動	学習の過程
すいせんのラッパ①	1	○26・27ページの「てびき」を読んで，学習のめあてをつかむ。	見通し
		○場面や登場人物について整理する。 ・「すいせんのラッパ」の全文を読んで，お話のあらすじをつかむ。 ・初発の感想を書く。	考えの形成
すいせんのラッパ②	3	○ラッパを吹く前のすいせんや，ありたちの様子を読む。 ○すいせんのラッパの音や，人物の様子を思いうかべ，音読で表す。 ・グローブみたいなかえるが目を覚ます様子 ・緑色のリボンのようなかえるが目を覚ます様子 ・豆粒みたいなかえるが目を覚ます様子と，その後の池の周りの様子	精査・解釈　表現
すいせんのラッパ③	2	○好きな場面を決めて，音読発表をする。 ・友達の音読を聞いて，いいところやアドバイスできるところなどを伝え合う。	共有
		○27ページ「ふりかえる」で，単元の学習をふり返る。	ふり返り
すいせんのラッパ④	2	○28ページ「国語のノートの作り方」で，ノートに書く内容や書き方を確かめる。 ・日付，めあて，自分や友達の考え，大事な文や言葉，まとめなど ○学習したことがわかるように，実際に「すいせんのラッパ」のノート作りをする。	考えの形成　記述

| 3年 | 東書 | 教科書【上】：p.30〜33　配当時数：2時間　配当月：4月 |

図書館へ行こう

関連する道徳の内容項目　C規則の尊重

到達目標

≫知識・技能
○幅広く読書に親しみ，読書が必要な知識や情報を得ることに役立つことに気づくことができる。
○新しく習う漢字を正しく読んだり書いたりすることができる。

≫主体的に学習に取り組む態度　※「主体的に学習に取り組む態度」は方向目標を示しています。
○図書館の本がまとまりごとに整理されていることを理解して図書館で本を探そうとする。

評価規準

≫知識・技能
○読書が必要な知識や情報を得ることに役立つことに気づき，いろいろな本を読んでいる。
○新しく習う漢字を正しく読んだり書いたりしている。
●対応する学習指導要領の項目：(1) エ　(3) オ

≫主体的に学習に取り組む態度
○図書館利用の仕方や配架などを理解して，図書館を利用しようとしている。
○自分が読みたい本の配架がわかり，その棚へ行って本を探している。
●

学習活動

小単元名	時数	学習活動	学習の過程
図書館へ行こう①	1	○図書館の本の並び方について知る。 ・30 ページ「本のなかま分け」を読んで，図書館の本の配架を確かめる。	
図書館へ行こう②	1	○実際に図書館へ行き，本の並び方を確かめる。 ・これまでの学習で用いた本を取り上げ，読んだことがあるか確かめる。 ・図書館の書架案内と，本の分類番号の対応を確かめる。 ○自分が読みたい本が，図書館のどこにあるか探す。 ・図鑑や百科事典など調べる時に使う本 (0 類)，詩や物語の本 (9 類)等，よく読む分類番号の場所を探してみる。	

| 3年 | 東書 | 教科書【上】：p.34〜37　配当時数：3時間　配当月：4月 |

国語じてんの使い方

到達目標

>>知識・技能

○国語辞典の使い方を理解し，使うことができる。

○新しく習う漢字を正しく読んだり書いたりすることができる。

>>主体的に学習に取り組む態度　※「主体的に学習に取り組む態度」は方向目標を示しています。

○国語辞典の引き方を知り，日常生活でも積極的に活用しようとする。

評価規準

>>知識・技能

○見出し語の並びや，語の形について理解し，国語辞典を使っている。

○新しく習う漢字を正しく読んだり書いたりしている。

●対応する学習指導要領の項目：(1) エ　(2) イ

>>主体的に学習に取り組む態度

○言葉の並び方や見出し語のきまりなど国語辞典の引き方を知り，書き方がわからない漢字や意味がわからない言葉などを調べ，活用しようとしている。

学習活動

小単元名	時数	学習活動	学習の過程
国語じてんの使い方①	1	○国語辞典の仕組みと使い方を知る。 ・34 ページを見ながら，国語辞典の仕組みを理解する。 ・「つめ」や「柱」の部分を活用し，いくつかの言葉を調べる。	
国語じてんの使い方②	1	○言葉の配列について知る。 ・教師の指定した言葉を早く引くゲームを行う。 ・いくつかの言葉を並べ替えるゲームを行う。	
国語じてんの使い方③	1	○見出し語の形について知る。 ・教科書の練習問題を行い，文脈に合った言葉の書き表し方や意味を知る。 ○言葉の配列，言い切りの形 (活用形)，同音異義語などの問題作りをし，友達と出し合う。	

| 3年 | 東書 | 教科書【上】：p.38〜47　配当時数：10時間　配当月：5月 |

文章を読んで感そうをつたえ合おう

自然のかくし絵

| 主領域 | C読むこと　| 領域 | B書くこと |

| 関連する道徳の内容項目 | D自然愛護 |

到達目標

≫知識・技能
○段落の役割について理解することができる。
○考えとそれを支える理由や事例，全体と中心など情報と情報の関係について理解することができる。
○新しく習う漢字を正しく読んだり書いたりすることができる。

≫思考・判断・表現
○段落相互の関係に着目しながら，考えとそれを支える理由や事例との関係などについて，叙述をもとに捉えることができる。
○文章を読んで感じたことや考えたことを共有し，一人一人の感じ方に違いがあることに気づくことができる。
○記録や報告などの文章を読み，文章の一部を引用して，わかったことや考えたことを説明したり意見を述べたりする活動ができる。
○書く内容の中心を明確にし，文章の構成を考えることができる。

≫主体的に学習に取り組む態度　※「主体的に学習に取り組む態度」は方向目標を示しています。
○段落の役割について知り，段落ごとに内容を捉えることで文章全体の内容を捉えようとする。

評価規準

≫知識・技能
○段落の意味や役割について理解している。
○「問い」と「答え」の関係をもとに内容を捉え，表にまとめている。
○新しく習う漢字を正しく読んだり書いたりしている。
●対応する学習指導要領の項目：(1) エ，カ　(2) ア

≫思考・判断・表現
○「問い」に対する「答え」の段落を意識し，保護色が役立つ場合について読み取っている。
○コノハチョウ，トノサマバッタ，ゴマダラチョウの幼虫の保護色の役割について，正しく読み取り，まとめている。
○「自然のかくし絵」を読んで，保護色について感じたことや考えたことを伝え合い，感じ方の違いがあることに気づいている。
○大事だと思う言葉や文を引用するなどして，わかったことや考えたことを説明している。
●対応する学習指導要領の項目：C (1) ア，カ　(2) ア
○読んだ感想が相手によく伝わるように，文章の構成を考えている。
●対応する学習指導要領の項目：B (1) イ

》主体的に学習に取り組む態度

○段落ごとに内容を短くまとめたり，ほかの段落と比べたりしながら，文章全体の内容を捉えている。

○「自然のかくし絵」で読み取った昆虫の身の隠し方について，友達と感想を交流している。

学習活動

小単元名	時数	学習活動	学習の過程
自然のかくし絵①	1	○扉の題名や写真から，言葉の意味を確認する。 ・「かくし絵」の言葉の意味や，知っていることを発表する。 ○45〜47ページの「てびき」を読んで，学習のめあてをつかむ。	見通し
		○文章全体を読み，初発の感想を書く。	構造と内容の把握
自然のかくし絵②	6	○文章を読み，段落ごとの内容を読み取っていく。 ・46ページの表を参考に，段落ごとに大事な言葉や文を書き出す。 ・「問い」に対する「答え」の文を見つける。 ・「保護色」について，役に立つ場合と役に立たない場合があることを知る。	構造と内容の把握
		○保護色と「自然のかくし絵」との関係について考える。	構造と内容の把握 考えの形成
自然のかくし絵③	2	○文章を読んで昆虫の身の守り方についての感想を書く。	構成の検討　記述
自然のかくし絵④	1	○感想を交流する。	共有
		○47ページ「ふり返る」で，単元の学習をふり返る。	ふり返り

3年

| 3年 | 東書 | 教科書【上】：p.48〜49　配当時数：2時間　配当月：5月 |

漢字の表す意味

到達目標

≫知識・技能

○第3学年までに配当されている漢字を読み，漸次書き，文や文章の中で使うことができる。

○新しく習う漢字を正しく読んだり書いたりすることができる。

≫主体的に学習に取り組む態度　※「主体的に学習に取り組む態度」は方向目標を示しています。

○漢字には，複数の意味を持つものがあることを理解しようとする。

評価規準

≫知識・技能

○漢字には，複数の意味があることがわかり，文の中で正しく使い分けている。

○新しく習う漢字を正しく読んだり書いたりしている。

●対応する学習指導要領の項目：(1) エ

≫主体的に学習に取り組む態度

○複数の意味を持つ漢字があることを理解している。

学習活動

小単元名	時数	学習活動	学習の過程
漢字の表す意味	2	○48ページを読み，複数の意味を持つ漢字があることを知る。 ○49ページの例をもとに，1つの漢字が持っている複数の意味の違いを知る。 ・複数の意味を持つ漢字で例文を作る。	

| 3年 | 東書 |

教科書【上】：p.50〜54　配当時数：4時間　配当月：5月

メモを取りながら話を聞こう／こそあど言葉

| 主領域 | A話すこと・聞くこと |

到達目標

》知識・技能

○必要な語句の書き留め方を理解し，使うことができる。

○指示する語句の役割について理解することができる。

○新しく習う漢字を正しく読んだり書いたりすることができる。

》思考・判断・表現

○必要なことを記録しながら聞き，話し手が伝えたいことの中心を捉えることができる。

○質問するなどして情報を集めたり，それらを発表したりする活動ができる。

》主体的に学習に取り組む態度　※「主体的に学習に取り組む態度」は方向目標を示しています。

○インタビューで，大事なことを落とさないように記録しながら聞こうとする。

評価規準

》知識・技能

○順序や大事な言葉に気をつけて必要な語句を書き留めることを理解し，インタビューしながらメモを取っている。

○指示語の働きや種類について理解し，状況にあった指示語を選んで使っている。

○新しく習う漢字を正しく読んだり書いたりしている。

　　　　　　　　　　　　　　　　　　　　　　　　　　●対応する学習指導要領の項目：(1) エ，カ　(2) イ

》思考・判断・表現

○話し手が何について話そうとしているか気をつけて聞いたり，大事なことをメモしたりしながら聞いている。

○インタビューで集めた情報をまとめて，それらを発表する活動をしている。

　　　　　　　　　　　　　　　　　　　　　　　　　　●対応する学習指導要領の項目：A (1) エ　(2) イ

》主体的に学習に取り組む態度

○インタビューで，大事なことを落とさないようメモを取りながら聞いている。

学習活動

小単元名	時数	学習活動	学習の過程
メモを取りながら話を聞こう①	1	○50ページ下段を読み，学習の見通しを確認する。 ・160ページ「聞きたいことを落とさず聞く」を確かめる。	見通し
		○51ページの郵便局の人とのやりとりを聞く。	構造と内容の把握
		○話の聞き方や，メモの取り方について考える。 ・何について話そうとしているのか，どの言葉からわかるか考える。	精査・解釈
メモを取りながら話を聞こう②	2	○154ページの給食調理の人とのやりとりを聞く。	構造と内容の把握
		○話の聞き方やメモの取り方を比較する。	精査・解釈
		○53ページ「ふり返る」で，単元の学習をふり返る。	ふり返り
こそあど言葉	1	○こそあど言葉とは，どのような言葉かを理解する。 ・こそあど言葉の表で使い方を確かめる。	

| 3年 | 東書 | 教科書【上】：p.56〜62　配当時数：10時間　配当月：6月 |

調べて書こう，わたしのレポート／メモの取り方

主領域　B書くこと

関連する道徳の内容項目　D自然愛護

到達目標

》知識・技能

○比較や分類の仕方，必要な語句の書き留め方，引用の仕方や出典の示し方を理解し，使うことができる。

○新しく習う漢字を正しく読んだり書いたりすることができる。

》思考・判断・表現

○相手や目的を意識して，調べたことから書くことを選び，集めた材料を比較したり分類したりして伝えたいことを明確にすることができる。

○書く内容の中心を明確にし，文章の構成を考えることができる。

○調べたことをまとめて報告するなど，事実やそれをもとに考えたことを書く活動ができる。

》主体的に学習に取り組む態度　※「主体的に学習に取り組む態度」は方向目標を示しています。

○書く内容の中心を明確にして，文章の構成を考えようとしている。

○書く内容の中心が明確になるように，調べたことをレポートにまとめて報告しようとしている。

評価規準

》知識・技能

○調べてわかったことを，伝えたいことの中心に沿って比較，分類し，「組み立てメモ」に書いている。

○メモの仕方を理解し，必要な語句を「調べることメモ」や，「組み立てメモ」に書き留めている。

○新しく習う漢字を正しく読んだり書いたりしている。

● 対応する学習指導要領の項目：(1) エ　(2) イ

》思考・判断・表現

○身近なところから調べたいことを決めて「調べることメモ」を書いている。

○調べたいことに合った方法を考えて調べている。

○レポートの形式を理解し，調べた事柄を整理して「組み立てメモ」を作り，文章の構成を考えている。

○句読点の打ち方や改行に注意してレポートを書いている。

○書いたレポートを読み合い，書き方のよさを伝え合っている。

● 対応する学習指導要領の項目：B (1) ア，イ　(2) ア

》主体的に学習に取り組む態度

○身の回りの知りたいことについて，「調べることメモ」を作っている。

○伝えたいことを意識して，調べたことをレポートに書いている。

学習活動

小単元名	時数	学習活動	学習の過程
調べて書こう，わたしのレポート／メモの取り方①	1	○58 ページを読み，学習の見通しを確認する。	見通し
調べて書こう，わたしのレポート／メモの取り方②	1	○調べたいことを決めて，調べる計画を立てる。	見通し
		・58 ページの例と 62 ページ「メモの取り方」を参考に，「調べることとメモ」を書く。	題材の設定 情報の収集
調べて書こう，わたしのレポート／メモの取り方③	3	○調べたいことに合った方法で，調べる。	題材の設定 情報の収集
		・観察，人に聞く，本や資料，インターネット等の調べ方の特徴を整理する。	
		・自分の調べたいことに合った方法で調べ，62 ページ「メモの取り方」を参考に，メモにまとめる。	
調べて書こう，わたしのレポート／メモの取り方④	1	○60 ページの例を参考に，レポートの「組み立てメモ」を書く。	構成の検討
		・調べて分かったことと，自分の感想を分けて書くことを確認する。	
		・事柄ごとに整理して，伝えたいことが伝わるような順序を考える。	
調べて書こう，わたしのレポート／メモの取り方⑤	4	○レポートを書いて，友達と読み合う。	記述　共有
		・「組み立てメモ」をもとにして書く。	
		・字の間違いや言葉の使い方などに着目しながら，自分のレポートを読み直す。	推敲
		・読んで感じたことをノートに書いたり，付箋に書いて友達のレポートに貼ったりする。	共有
		・組み立てや表記のよいところを中心にコメントする。	
		○61 ページ「ふり返る」で，単元の学習をふり返る。	ふり返り

| 3年 | 東書 | 教科書【上】：p.64〜79　配当時数：10時間　配当月：6月 |

「あらすじカード」を作ろう

はりねずみと金貨

主領域　C読むこと　　領域　B書くこと

関連する道徳の内容項目　B親切，思いやり　C国際理解，国際親善

到達目標

≫知識・技能

○比較や分類の仕方，必要な語句の書き留め方などを理解することができる。

○新しく習う漢字を正しく読んだり書いたりすることができる。

≫思考・判断・表現

○登場人物の行動や気持ちなどについて，叙述をもとに捉えることができる。

○物語を読み，内容を説明したり，考えたことを伝え合ったりする活動ができる。

○書く内容の中心を明確にし，内容のまとまりで段落をつくったり，段落相互の関係に注意したりして文章の構成を考えることができる。

≫主体的に学習に取り組む態度　※「主体的に学習に取り組む態度」は方向目標を示しています。

○場面ごとに出てきた人物や起こった出来事を捉え，まとめようとする。

○場面ごとにまとめた文章をもとに，物語全体のあらすじをカードに書こうとする。

評価規準

≫知識・技能

　○共通する出来事をまとめたり，言葉を言い換えたりしてあらすじをまとめている。

　○新しく習う漢字を正しく読んだり書いたりしている。

　　　　　　　　　　　　　　　　　　　　　　　　　　　　　● 対応する学習指導要領の項目：(1) エ　　(2) イ

≫思考・判断・表現

　○場面の移り変わりに注意しながら，（　　）で表されたはりねずみの気持ちを，叙述をもとに捉えている。

　○「はりねずみと金貨」を友達に紹介するために，あらすじを文章にまとめている。

　○書いたカードを読み合い，わかりやすく書けたところや工夫したところを伝え合っている。

　　　　　　　　　　　　　　　　　　　　　　　　　　　　● 対応する学習指導要領の項目：C (1) イ　　(2) イ

　○あらすじがわかりやすくなるように，出来事を場面ごとにまとめ，文章全体の構成を考えている。

　　　　　　　　　　　　　　　　　　　　　　　　　　　　　　● 対応する学習指導要領の項目：B (1) イ

≫主体的に学習に取り組む態度

　○はりねずみが出会った人物と起こった出来事を物語の順にノートにまとめ，登場人物の行動や気持ちについて叙述をもとに捉えている。

　○場面ごとの出来事を短くまとめ，あらすじカードを書いている。

学習活動

小単元名	時数	学習活動	学習の過程
はりねずみと金貨①	1	○77〜79ページの「てびき」を読んで，学習のめあてをつかむ。	見通し
はりねずみと金貨②	1	○登場人物を確認し，場面分けをする。	構造と内容の把握
はりねずみと金貨③	4	○場面ごとの登場人物と出来事をまとめる。 ・「時」「場所」「人物」「出来事」に着目する。 ・大事な言葉や文を確認する。	構造と内容の把握
はりねずみと金貨④	3	○場面ごとにまとめた文章をつないで「あらすじカード」を書く。 ・はりねずみは，初めにどう考えていたか，最後にどうしたかがわかるようにまとめる。	構成の検討　記述
はりねずみと金貨⑤	1	○「あらすじカード」を読み合い，感想を伝え合う。 ・友達のあらすじと同じところ，違うところを確かめる。	共有
		○79ページ「ふり返る」で，単元の学習をふり返る。	ふり返り

| 3年 | 東書 | 教科書【上】：p.80〜85　配当時数：3時間　配当月：6月 |

ローマ字①

到達目標

》知識・技能
○日常使われている簡単な単語について，ローマ字で表記されたものを読み，書くことができる。

》主体的に学習に取り組む態度　※「主体的に学習に取り組む態度」は方向目標を示しています。
○ローマ字の書き表し方のきまりがわかり，日常使う単語をローマ字で読み書きしようとする。

評価規準

》知識・技能
○身の回りにあるものでローマ字で表記されたものを読み，ローマ字で書いている。
───● 対応する学習指導要領の項目：(1) ウ

》主体的に学習に取り組む態度
○ローマ字のきまりがわかり，身の回りにあるものや自分の名前，家族や友達の名前など，ローマ字で表記されたものを読み書きしている。
●

学習活動

小単元名	時数	学習活動	学習の過程
ローマ字①	3	○身の回りでローマ字表記が使われていることを思い起こす。 ○84ページのローマ字表を見て，五十音順の配列を理解する。 ○ローマ字で表記された字を，絵を参考にして読んだり書いたりする。 ○表記の仕方に気をつけて，さまざまな言葉をローマ字で書く。 ・長音，拗音，促音，撥音のローマ字表記を理解する。 ○人名や地名を例に，大文字で書くときと小文字で書くときについて知る。 ○自分の名前や，身の回りにあるものの名前をローマ字で表記する。	

| 3年 | 東書 | 教科書【上】：p.86〜89　配当時数：3時間　配当月：6月 |

つたえたい言の葉

慣用句を使おう

主領域　B書くこと

関連する道徳の内容項目　C伝統と文化の尊重，国や郷土を愛する態度

到達目標

≫知識・技能
○長い間使われてきた慣用句の意味を知り，使うことができる。
○新しく習う漢字を正しく読んだり書いたりすることができる。

≫思考・判断・表現
○目的を意識して，経験したことや想像したことなどから書くことを選び，集めた材料を比較したり分類したりして伝えたいことを明確にすることができる。

≫主体的に学習に取り組む態度　※「主体的に学習に取り組む態度」は方向目標を示しています。
○慣用句の成り立ちや意味を知り，知っている慣用句や教科書に載っている慣用句を辞典で調べて意味や使い方をまとめようとしている。

評価規準

≫知識・技能
○長い間使われてきた慣用句の意味を知り，慣用句を使った短文を作っている。
○新しく習う漢字を正しく読んだり書いたりしている。

● 対応する学習指導要領の項目：(1) エ　(3) イ

≫思考・判断・表現
○集めた慣用句を比較したり分類したりしてまとめている。

● 対応する学習指導要領の項目：B (1) ア

≫主体的に学習に取り組む態度
○知っている慣用句や教科書に載っている慣用句を辞典で調べて意味や使い方をまとめたり，慣用句を使った文を作ったりしている。

学習活動

小単元名	時数	学習活動	学習の過程
慣用句を使おう	3	○教科書の説明を読み，慣用句とはどのようなものかを知る。 ・慣用句から意味を考えるクイズを行う。 ○国語辞典を使って，慣用句の意味を調べる。 ・調べた意味を慣用句カードに記入したり，ノートにまとめたりする。	情報の収集
		・学んだ慣用句の中からいくつかを選び，短文を作る。	題材の設定
		・体や心，動物，植物，天気などに関する言葉から，慣用句をグループ分けする。	内容の検討

3年

| 3年 | 東書 |

教科書【上】：p.90〜100　配当時数：10時間　配当月：7月

書き手のくふうを考えよう

「ほけんだより」を読みくらべよう

| 主領域 | C読むこと | 領域 | B書くこと |

| 関連する道徳の内容項目 | A節度，節制 |

到達目標

≫知識・技能

○考えとそれを支える理由や事例，全体と中心など情報と情報の関係について理解することができる。

○新しく習う漢字を正しく読んだり書いたりすることができる。

≫思考・判断・表現

○段落相互の関係に着目しながら，考えとそれを支える理由や事例との関係などについて，叙述をもとに捉えることができる。

○文章を読んで理解したことに基づいて，感想や考えをもつことができる。

○文章を読んで感じたことや考えたことを共有し，一人一人の感じ方などに違いがあることに気づくことができる。

○記録や報告などの文章を読み，文章の一部を引用して，わかったことや考えたことを説明したり，意見を述べたりする活動ができる。

○自分の考えとそれを支える理由や事例との関係を明確にして，書き表し方を工夫することができる。

≫主体的に学習に取り組む態度　※「主体的に学習に取り組む態度」は方向目標を示しています。

○考えとそれを支える理由や事例との関係などについて，叙述をもとに捉えようとする。

○2つの文章を比べて，考えたことを伝え合おうとする。

評価規準

≫知識・技能

○2つの「ほけんだより」を読み比べる観点を理解している。

○新しく習う漢字を正しく読んだり書いたりしている。

● 対応する学習指導要領の項目：(1) エ　(2) ア

≫思考・判断・表現

○2つの文章の共通点や相違点を手掛かりにして，書き手の伝えたいこととねらいを理解している。

○図表と文章の関係に着目し，図表の効果を考え，文章に書かれている事柄を理解している。

○書かれている事柄や説明の仕方の違いから，書き手の表現の意図を考えている。

○書き手の表現の意図から，読み手の受け止め方を考えている。

○2つの文章を読み比べて考えたことを発表し合い，一人一人の着眼点や感じ方に違いがあることに気づいている。

● 対応する学習指導要領の項目：C (1) ア，オ，カ　(2) ア

○2つの文章から効果がある方を選び，書かれている事柄や説明の仕方に関連付けて，その理由を明確にして書いている。

● 対応する学習指導要領の項目：B (1) ウ

≫主体的に学習に取り組む態度

○２つの「ほけんだより」の文章の工夫を理解している。

○「ほけんだより」の文章を読み比べて，どちらを選ぶか考え，理由とともにノートに書いている。

学習活動

小単元名	時数	学習活動	学習の過程
「ほけんだより」を読みくらべよう①	1	○98〜100 ページの「てびき」を読んで，学習のめあてをつかむ。 ・題名や 91 ページの写真をもとに「たより」について知っていることを発表する。	見通し
「ほけんだより」を読みくらべよう②	6	○2 つの文章を読み比べ，それぞれの文章の書き手の意図や，表現の工夫について考える。 ・2 つの文章の同じところを確かめる。 ・2 つの文章の違うところを確かめる。 ・図表の効果を考える。 ・「みなさんへのアドバイス」がもたらす効果を考える。	構造と内容の把握 考えの形成
「ほけんだより」を読みくらべよう③	2	○どちらの「ほけんだより」にするかを考える。 ・読み比べて考えたことや選んだ理由を，ノートやワークシートに書く。	考えの形成　記述
「ほけんだより」を読みくらべよう④	1	○100 ページ「ふり返る」で，単元の学習をふり返る。	ふり返り

| 3年 | 東書 | 教科書【上】：p.102〜109　配当時数：2時間　配当月：7月

本は友だち

関連する道徳の内容項目　A希望と勇気，努力と強い意志

到達目標

≫知識・技能
○幅広く読書に親しみ，読書が必要な知識や情報を得ることに役立つことに気づくことができる。

≫主体的に学習に取り組む態度　※「主体的に学習に取り組む態度」は方向目標を示しています。
○幅広く読書に親しみ，興味のある本を選んで読んだり，読書記録をつけたりしようとする。

評価規準

≫知識・技能
○幅広く読書に親しみ，読書が必要な知識や情報を得ることに役立つことに気づいている。
● 対応する学習指導要領の項目：(3) オ

≫主体的に学習に取り組む態度
○ 104〜107 ページを参考に，さまざまなジャンルから本を選んだり，読書の記録をつけたりしている。
●

学習活動

小単元名	時数	学習活動	学習の過程
本は友だち	2	○「心の養分」を読み，筆者の本についての考えを知る。 ○102〜107 ページから，読みたい本を探して読む。 ・茂市久美子さんの書いた本，茂市さんお薦めの本，「三年生の本だな」の本など ○自分が読んで好きだと思ったもの，おもしろいと思ったものを手掛かりに，続けて本を読んでみる。 ・109 ページ「読んだ本を記ろくしよう。」を参考にして，読んだ本についての記録をする。	

| 3年 | 東書 |

教科書【上】：p.112〜115　配当時数：2時間　配当月：9月

詩を読もう

紙ひこうき／夕日がせなかをおしてくる

主領域　C読むこと

関連する道徳の内容項目　D自然愛護／感動，畏敬の念

到達目標

知識・技能

○文章全体の構成や内容の大体を意識しながら音読することができる。

○新しく習う漢字を正しく読んだり書いたりすることができる。

思考・判断・表現

○登場人物の行動や気持ちなどについて，叙述をもとに捉えることができる。

○登場人物の気持ちの変化や性格，情景について，場面の移り変わりと結び付けて具体的に想像することができる。

○詩を読んで内容を説明したり，考えを伝え合ったりすることができる。

主体的に学習に取り組む態度　※「主体的に学習に取り組む態度」は方向目標を示しています。

○詩に描かれていることを具体的に想像しながら，言葉のリズムや響きを楽しんで音読しようとする。

評価規準

知識・技能

○文章全体の構成や内容の大体を意識しながら音読している。

○新しく習う漢字を正しく読んだり書いたりしている。

● 対応する学習指導要領の項目：(1) エ，ク

思考・判断・表現

○2つの詩の登場人物の行動や気持ちを，叙述をもとに捉えている。

○「紙ひこうき」を読んで，場面の移り変わりと結び付けて，情景を具体的に想像している。

○「夕日がせなかをおしてくる」を読んで，第一連と第二連を比べ，人物の気持ちを具体的に想像している。

○詩を読んで想像したことや，見つけた表現のおもしろさについて考えなどを伝え合っている。

● 対応する学習指導要領の項目：C (1) イ，エ　(2) イ

主体的に学習に取り組む態度

○詩の情景や人物の気持ち，様子などを具体的に想像しながら，言葉のリズムや響きを楽しんで音読している。

学習活動

小単元名	時数	学習活動	学習の過程
紙ひこうき／夕日がせなかをおしてくる①	1	○「紙ひこうき」を音読し,「ぼく」が感じていることを想像する。 ・1行空きに注目させ,詩のまとまりを「連」ということを確かめる。 ○「夕日がせなかをおしてくる」を音読し,「夕日」と「ぼくら」の様子を想像する。 ・第一連と第二連の違いについて考える。	構造と内容の把握 精査・解釈
紙ひこうき／夕日がせなかをおしてくる②	1	○「紙ひこうき」「夕日がせなかをおしてくる」のどちらかの詩を音読する。	精査・解釈

| 3年 | 東書 | 教科書【上】：p.116〜124　配当時数：7時間　配当月：9月 |

グループの合い言葉をきめよう

主領域　A話すこと・聞くこと

関連する道徳の内容項目　B相互理解，寛容

到達目標

≫知識・技能

○比較や分類の仕方，必要な語句などの書き留め方を理解し，使うことができる。

○新しく習う漢字を正しく読んだり書いたりすることができる。

≫思考・判断・表現

○目的を意識して，日常生活の中から話題を決め，集めた材料を比較したり分類したりして，伝え合うために必要な事柄を選ぶことができる。

○目的や進め方を確認し，司会などの役割を果たしながら話し合い，互いの意見の共通点や相違点に着目して考えをまとめることができる。

○互いの考えを伝え合うなどして，グループや学級全体で話し合う活動ができる。

≫主体的に学習に取り組む態度　　※「主体的に学習に取り組む態度」は方向目標を示しています。

○司会の進行に沿って，意見を出し合い互いの意見の共通点や相違点に着目しながらグループで話し合おうとする。

評価規準

≫知識・技能

○話し合いで出た意見を比較・分類したり，理由などを書き留めたりしている。

○新しく習う漢字を正しく読んだり書いたりしている。

● 対応する学習指導要領の項目：(1) エ　(2) イ

≫思考・判断・表現

○運動会の練習を頑張るための合言葉を決めるため，合言葉の意見を出し合って比較したり分類したりしている。

○合言葉について考え，自分の意見とその理由をまとめている。

○ほかの人の意見を聞いたり，自分の意見を述べたりしながら，司会の進行に沿って話し合いを進めている。

○意見をみんなで出し合い，質問したりさらに意見を言ったりしながらグループで話し合っている。

● 対応する学習指導要領の項目：A (1) ア，オ　(2) ウ

≫主体的に学習に取り組む態度

○話し合いで出た意見の共通点や相違点に着目しながら，司会の進行に沿ってグループで話し合っている。

193

学習活動

小単元名	時数	学習活動	学習の過程
グループの合い言葉を きめよう①	1	○116・117 ページを読み，何について話し合おうとしているのか 　理解する。 ○118 ページを読み，学習の見通しを確認する。	見通し
グループの合い言葉を きめよう②	2	○話し合いを始める前には，自分の意見をもつ必要があることに気 　づく。 ○119 ページを読んで，司会を立てる話し合いの仕方と司会の役割 　を理解する。 ○120〜122 ページを読んで，司会が話し合いを進行していること 　や，進行の仕方を確かめる。 ・進行に沿った話し合いの仕方について，わかったことを発表する。	話し合いの進め方の検討
グループの合い言葉を きめよう③	4	○グループの合言葉を決める話し合いをする。 ・司会の役割や，話し合いで発言するときに気をつけることを確か 　める。 ・124 ページ「生活の中の言葉」を参考に，みんなが意見を言えるた 　めにはどうすればいいかを確かめる。	考えの形成　共有
		○123 ページ「ふり返る」で，単元の学習をふり返る。	ふり返り

| 3年 | 東書 | 教科書【上】：p.126～143　配当時数：10時間　配当月：9月 |

人物につたえたいことをまとめよう

サーカスのライオン

主領域　C読むこと　　領域　B書くこと

関連する道徳の内容項目　B親切，思いやり　D生命の尊さ

到達目標

≫知識・技能

○様子や行動，気持ちや性格を表す語句の量を増やすことができる。

○新しく習う漢字を正しく読んだり書いたりすることができる。

≫思考・判断・表現

○登場人物の行動や気持ちなどについて，叙述をもとに捉えることができる。

○登場人物の気持ちの変化や性格，情景について，場面の移り変わりと結び付けて具体的に想像することができる。

○物語の内容を説明したり，それをもとに考えたことを伝え合ったりする活動ができる。

○相手を意識して，想像したことなどから書くことを選び，伝えたいことを明確にすることができる。

≫主体的に学習に取り組む態度　※「主体的に学習に取り組む態度」は方向目標を示しています。

○物語を読んで中心人物について読み取り，中心人物に伝えたいことを文章にまとめて伝え合おうとしている。

評価規準

≫知識・技能

○中心人物がしたことや言ったことに注目して物語を読みながら，様子や行動，気持ちや性格を表す語句を見つけている。

○新しく習う漢字を正しく読んだり書いたりしている。

● 対応する学習指導要領の項目：(1) エ，オ

≫思考・判断・表現

○サーカスの中で過ごす，じんざの様子や気持ちを叙述をもとに捉えている。

○じんざの行動や様子を手掛かりに，男の子と出会ったときのじんざの気持ちを想像している。

○じんざの行動や様子を手掛かりに，男の子との交流を通して変わっていくじんざの気持ちを想像している。

○じんざの行動や様子を手掛かりに，男の子を救い出そうとするじんざの気持ちを想像している。

○じんざのいないサーカスの様子や，ライオン遣いのおじさんとお客の気持ちを想像している。

○「サーカスのライオン」を読んで内容を説明したり，感じたことや思ったことを伝え合ったりしている。

● 対応する学習指導要領の項目：C (1) イ，エ　　(2) イ

○じんざに伝えたいことを明確にして文章に書いている。

● 対応する学習指導要領の項目：B (1) ア

≫主体的に学習に取り組む態度

○場面ごとのじんざの気持ちの変化を考えながら読んでいる。

○じんざに伝えたいことや心に残った場面について，そう考えた理由を挙げて文章に書いている。

学習活動

小単元名	時数	学習活動	学習の過程
サーカスのライオン①	2	○141〜143 ページの「てびき」を読んで，学習のめあてをつかむ。	見通し
		○登場人物と中心人物の違いについて知り，それらを確かめる。 ○五つの場面に分かれることを確かめ，内容の大体を捉える。	構造と内容の把握
		○初発の感想を書き，発表する。	共有
サーカスのライオン②	5	○じんざの行動や様子がわかる言葉を書き出し，サーカスでのじんざの様子を考える。 ○じんざの行動や様子から，じんざのどんな気持ちがわかるかを書き，交流する。 ○場面ごとのじんざの様子や気持ちを比べ，じんざの気持ちの変化を考える。	構造と内容の把握 精査・解釈
サーカスのライオン③	3	○自分がライオン遣いのおじさんやお客だったら，じんざに何というか考え，ノートやワークシートに書く。	題材の設定 内容の検討
		○心に残った場面について書き，グループで交流する。 ○じんざに伝えたいことを文章にまとめる。 ・心に残った場面やじんざの行動について自分が思ったことなどを踏まえる。	情報の収集 内容の検討
		○感想文を交換して読み合う。	内容の検討
		○143 ページ「ふり返る」で，単元の学習をふり返る。	ふり返り

| 3年 | 東書 |

教科書【上】：p.144〜147　配当時数：3時間　配当月：9月

詳しく表す言葉

到達目標

》知識・技能

○言葉には，考えたことや思ったことを表す働きがあることに気づくことができる。

○様子を表す語句の量を増やし，言葉には性質や役割による語句のまとまりがあることを理解し，語彙を豊かにすることができる。

○主語と述語の関係，修飾と被修飾との関係を理解することができる。

○新しく習う漢字を正しく読んだり書いたりすることができる。

》主体的に学習に取り組む態度　※「主体的に学習に取り組む態度」は方向目標を示しています。

○主語と述語，修飾と被修飾との関係を理解して，文を作ろうとする。

評価規準

》知識・技能

○文中から様子を表す言葉を見つけて，その言葉が何を修飾しているかを理解している。

○様子が詳しく伝わるように，言葉を選んで文を書いている。

○修飾語の使い方や，文の中での働きについて理解している。

○新しく習う漢字を正しく読んだり書いたりしている。

● 対応する学習指導要領の項目：(1) ア，エ，オ，カ

》主体的に学習に取り組む態度

○主語と述語だけの文ではわかりにくいということに気づき，修飾語を適切に使って文を作ろうとしている。

学習活動

小単元名	時数	学習活動	学習の過程
詳しく表す言葉	3	○144 ページのやりとりを読み，男の子の頭の中が，どのように詳しくなっていくか考える。 ○145 ページを参考に，主語と述語にどんな言葉を加えるとわかりやすい文になるのか確かめる。 ・「何を」「何に」「いつ」「どこで」「どんな」「何の」「どのように」など ○146 ページの例文から，主語，述語，詳しく表す言葉探しを行う。 ○わかりにくい例文を読み，なぜわかりにくいのか，どうすればわかりやすくなるか考え，文を直す。 ・人物の様子がよりわかりやすくなるように，修飾語を補って文を作る。 ・147 ページ「ことばあつめ」を参考に，人物の様子を表す言葉を考える。	

| 3年 | 東書 |

教科書【上】：p.148〜152　配当時数：8時間　配当月：10月

想ぞうを広げて物語を書こう

主領域　B書くこと

到達目標

》知識・技能

○様子や行動，気持ちや性格を表す語句の量を増やし，文章の中で使うことができる。

○主語と述語の関係，修飾と被修飾との関係，指示する語句と接続する語句の役割，段落の役割について理解することができる。

○新しく習う漢字を正しく読んだり書いたりすることができる。

》思考・判断・表現

○相手や目的を意識して，経験したことや想像したことなどから書くことを選び，集めた材料を比較したり分類したりして，伝えたいことを明確にすることができる。

○書く内容の中心を明確にし，内容のまとまりで段落をつくったり，段落相互の関係に注意したりして，文章の構成を考えることができる。

○文章に対する感想や意見を伝え合い，自分の文章のよいところを見つけることができる。

○物語をつくるなど，感じたことや想像したことを書く活動ができる。

》主体的に学習に取り組む態度　※「主体的に学習に取り組む態度」は方向目標を示しています。

○書く内容の中心を明確にして文章の構成を考え，物語を書こうとする。

評価規準

》知識・技能

○教科書の絵に合うように，様子や行動，気持ちや性格を表す語句を選んで文章の中で用いている。

○主語と述語を整え，修飾語，指示語，接続語を適切に使いながら，場面ごとのお話を考えている。

○新しく習う漢字を正しく読んだり書いたりしている。

●対応する学習指導要領の項目：(1) エ，オ，カ

》思考・判断・表現

○教科書の絵から，場面で起きた出来事を想像し，物語の内容の大体を考えている。

○「時」「場所」「人物」を意識して，物語の設定を考えている。

○教科書の絵から，人物の性格や様子を想像して，性格や趣味，特技などを「物語の設定メモ」に書いている。

○想像した人物の様子が伝わるように，言葉や表現を工夫し，場面と場面とのつながりを考えて，物語を書いている。

○友達と物語を読み合い，よく書けているところや工夫されているところを伝え合っている。

○物語には，主人公やそのほかの登場人物がそれぞれの役割をもっていたり，冒頭部に状況や登場人物が設定されて構成されたりすることを理解し，文章をつくっている。

●対応する学習指導要領の項目：B (1) ア，イ，オ　(2) ウ

199

≫主体的に学習に取り組む態度

○教科書の絵を見ながら想像をふくらませ，書く内容の中心を明確にして文章の構成を考え，物語を書いている。

学習活動

小単元名	時数	学習活動	学習の過程
想ぞうを広げて物語を書こう①	1	○148ページ下段を読み，学習の見通しを確認する。	見通し
		○149ページの挿絵をもとに，人物の行動や会話を想像し，どのような出来事が起きているのか考えて書き出す。	題材の設定 情報の収集
想ぞうを広げて物語を書こう②	1	○空白になっている③の場面を想像しメモに書いたり，友達と話し合ったりする。 ・「時」「人物」「場所」の設定を意識し，「物語の設定メモ」に書く。	題材の設定 情報の収集　共有
想ぞうを広げて物語を書こう③	3	○絵を見ながら，場面ごとのあらすじを考え，書く。 ○「物語の設定メモ」やあらすじから想像を広げ，人物や場面の様子が伝わるように，物語を書く。	構成の検討
想ぞうを広げて物語を書こう④	2	○書いた物語を友達と読み合い，よく書けていると思ったところや，直した方がよいと思ったところを伝え合う。	構成の検討　共有
		○友達からの助言をもとに，物語を書き直して清書する。	構成の検討
想ぞうを広げて物語を書こう⑤	1	○清書した物語を友達と交換して読み合い，感想を伝え合う。 ・よく書けていると思ったところや工夫されていると思ったところを中心に伝え合う。	構成の検討　共有
		○152ページ「ふり返る」で，単元の学習をふり返る。	ふり返り

| 3年 | 東書 | 教科書【下】：p.8〜23　配当時数：12時間　配当月：10月 |

パラリンピックについて調べよう

パラリンピックが目指すもの

主領域　C読むこと　　領域　B書くこと

関連する道徳の内容項目　C公正，公平，社会正義

到達目標

>> 知識・技能

○比較や分類の仕方，必要な語句などの書き留め方，引用の仕方や出典の示し方，辞書や辞典の使い方を理解することができる。

○新しく習う漢字を正しく読んだり書いたりすることができる。

>> 思考・判断・表現

○目的を意識して，中心となる語や文を見つけて要約することができる。

○文章を読んで，感じたことや考えたことを共有し，一人一人の感じ方に違いがあることに気づくことができる。

○事典や図鑑などから情報を得て，わかったことなどをまとめて説明する活動ができる。

○目的を意識して書くことを選び，集めた情報を比較したり分類したりして，伝えたいことを明確にすることができる。

>> 主体的に学習に取り組む態度　※「主体的に学習に取り組む態度」は方向目標を示しています。

○大事だと思う言葉や文に気をつけて読もうとする。

○目的を意識して中心となる語や文を見つけて要約し，事典や図鑑などから情報を得て，わかったことなどをまとめて説明しようとする。

評価規準

>> 知識・技能

○リーフレットにまとめるための，必要な語句などの書き留め方，引用の仕方や出典の示し方，辞書や辞典の使い方を理解している。

○新しく習う漢字を正しく読んだり書いたりしている。

● 対応する学習指導要領の項目：(1) エ　　(2) イ

>> 思考・判断・表現

○パラリンピックとは何か，ということについて，競技の種類，ルールにかかわる言葉を手掛かりに，文章を要約している。

○「パラリンピックが目指すもの」を読んで，感じたことや考えたことを友達と交流し，自分との感じ方や考え方の違いに気づいている。

○事典や図鑑などでパラリンピックについて調べ，わかったことなど内容を要約している。

● 対応する学習指導要領の項目：C (1) ウ，カ　　(2) ウ

○調べてわかったことを整理して，紹介するために大事な言葉や文を落とさないように要約してリーフレットにまとめている。

● 対応する学習指導要領の項目：B (1) ア

201

≫主体的に学習に取り組む態度

○「パラリンピックが目指すもの」を，大事だと思う言葉や文に気をつけて読んでいる。

○パラリンピックで興味をもったことについて，中心となる語や文を見つけて要約し，事典や図鑑などから情報を得て，わかったことなどをリーフレットにまとめて説明しようとしている。

学習活動

小単元名	時数	学習活動	学習の過程
パラリンピックが目指すもの①	3	○18～21 ページの「てびき」を読んで，学習のめあてをつかむ。	見通し
		○「パラリンピックが目指すもの」を読んで，書かれていることを確かめる。	構造と内容の把握
		・筆者は，どのような例を挙げているか，この文章でいちばん伝えたいことは何かを確認する。	構造と内容の把握 共有
		・「パラリンピックが目指すもの」を要約し，文章を短くまとめる方法を知る。	構造と内容の把握
パラリンピックが目指すもの②	4	○事典や図鑑などを読んで，パラリンピックについて調べる。 ・自分の調べたいテーマを明確にして，本や資料などを探す。	題材の設定 情報の収集
		・百科事典や図鑑を調べるとき，22・23 ページを参考に目次や索引を活用する方法を知る。 ・知りたいことに関係のあることを読み，大事だと思うことをノートやメモに書き出す。	情報の収集 内容の検討
パラリンピックが目指すもの③	4	○調べたことをもとに，どのページに何を書くとわかりやすくなるかを考え，リーフレットを作る。	情報の収集 内容の検討
		・調べたことから何を取り上げるかを考え，ノートやメモに書き出したことを要約する。	内容の検討
パラリンピックが目指すもの④	1	○表紙を作ってリーフレットを完成させ，友達と読み合う。	内容の検討 共有
		○21 ページ「ふり返る」で，単元の学習をふり返る。	ふり返り

| 3年 | 東書 | 教科書【下】：p.24〜25　配当時数：2時間　配当月：11月 |

ローマ字②

到達目標

≫知識・技能
○日常で使われている簡単な単語について，ローマ字で表記されたものを読み，ローマ字で書くことができる。

≫主体的に学習に取り組む態度　　※「主体的に学習に取り組む態度」は方向目標を示しています。
○日常で使われている簡単な単語についてローマ字で書き，コンピュータの入力に活用しようとする。

評価規準

≫知識・技能
○ローマ字①で学習したローマ字のきまりについて確かめ，ローマ字を正しく書いている。
──────────────── ● 対応する学習指導要領の項目：(1) ウ

≫主体的に学習に取り組む態度
○ローマ字の書き方のきまりを確かめ，ローマ字入力の仕方や，入力と書き方の違いについて理解しようとしている。

学習活動

小単元名	時数	学習活動	学習の過程
ローマ字②	2	○175ページのローマ字表や，上巻で行ったローマ字の復習から，ローマ字の書き方を確かめる。 ○25ページのローマ字しりとりをして，日常に使われている言葉をローマ字で書き表す。 ○コンピューターでローマ字を使った入力をする。 ・「ぢ」「づ」「を」「ん」など，ローマ字で書く時と入力時の違いを確認する。 ・平仮名と片仮名の長音の表記について確認する。 ・コンピューターで日常に使われている言葉を入力する。	

203

| 3年 | 東書 |

教科書【下】：p.26〜29　配当時数：6時間　配当月：11月

話したいな，わたしのすきな時間

| 主領域 | A話すこと・聞くこと

| 関連する道徳の内容項目 | B相互理解，寛容

到達目標

≫知識・技能

○相手を見て，話したり聞いたりするとともに，言葉の抑揚や強弱，間の取り方などに注意して話すことができる。

○様子や行動，気持ちや性格を表す語句の量を増やし，話の中で使うことができる。

○新しく習う漢字を正しく読んだり書いたりすることができる。

≫思考・判断・表現

○目的を意識して，日常生活の中から話題を決め，集めた材料を比較したり分類したりして，伝え合うために必要な事柄を選ぶことができる。

○相手に伝わるように，理由や事柄などを挙げながら，話の中心が明確になるよう話の構成を考えることができる。

≫主体的に学習に取り組む態度　　※「主体的に学習に取り組む態度」は方向目標を示しています。

○どのように工夫して話せば相手に伝わりやすくなるかについて考えようとする。

○集めた材料を比較したり分類したりして，伝え合うために必要な事柄を選び，自分のことについて話そうとする。

評価規準

≫知識・技能

○聞き手の様子を見ながら言葉の抑揚や強弱，間の取り方などに気をつけて話したり，友達の話を聞くときには友達のほうを見ながら聞いたりしている。

○ 29ページ上段の「気持ちを表す言葉」を参考にして，気持ちを表す言葉を話の中で使っている。

○新しく習う漢字を正しく読んだり書いたりしている。

● 対応する学習指導要領の項目：(1) イ，エ，オ

≫思考・判断・表現

○生活の中の，自分の「すきな時間」について話す材料を集め，メモに書き出し，そこから話の中心が聞き手に伝わるよう，話すことを選んでいる。

○相手に伝わるように，理由や事柄などを挙げながら，「始め」や「終わり」で話の中心をはっきり話している。

● 対応する学習指導要領の項目：A (1) ア，イ

≫主体的に学習に取り組む態度

○どのように工夫すれば，自分の「すきな時間」のことが相手に伝わりやすくなるかについて考えている。

○自分の「すきな時間」について話す材料を集めてメモに書き出し，どの材料をどのように組み立てるか考え，自分のことを話している。

学習活動

小単元名	時数	学習活動	学習の過程
話したいな，わたしの すきな時間①	1	○26 ページ下段を読み，学習の見通しを確認する。	見通し
		○生活の中の，自分の好きな時間について，話す材料をメモに書き 出す。	話題の設定 情報の収集
話したいな，わたしの すきな時間②	3	○書き出したメモを参考に，話の中心を決めて話すことを選び，話 の組み立てを考える。	内容の検討 構成の検討
		・27 ページを読み，話の中心が伝わるように話すためにはどうすれ ばよいかを確かめる。	内容の検討
		・28 ページ「田中さんのスピーチ」を読み，「中」で具体例を挙げ， 「始め」や「終わり」で話の中心を伝えることを確認する。	構成の検討 考えの形成
		○29 ページ上段「気持ちを表す言葉」を参考に，自分の気持ちを表 すのに合う言葉を増やす。	内容の検討
		○自分の気持ちを表すのに合った言葉を意識して，話す練習をする。	構成の検討 考えの形成
話したいな，わたしの すきな時間③	2	○聞き手の様子を見ながら，みんなの前でスピーチをする。 ○自分も同じように感じたことがないか考えながら，友達のスピー チを聞き，感想を伝え合う。	構成の検討 考えの形成
		○29 ページ「ふり返る」で，単元の学習をふり返る。	ふり返り

3 年

| 3年 | 東書 |

教科書【下】：p.30〜34　配当時数：5時間　配当月：11月

案内の手紙を書こう

| 主領域 | B書くこと

| 関連する道徳の内容項目 | B親切，思いやり／礼儀

到達目標

≫知識・技能

○丁寧な言葉を使うとともに，敬体と常体との違いに注意しながら書くことができる。

○新しく習う漢字を正しく読んだり書いたりすることができる。

≫思考・判断・表現

○書く内容の中心を明確にし，内容のまとまりで段落をつくったり，段落相互の関係に注意したりして，文章の構成を考えることができる。

○間違いを正したり，相手や目的を意識した表現になっているかを確かめたりして，文や文章を整えることができる。

○行事の案内を手紙に書く活動ができる。

≫主体的に学習に取り組む態度　　※「主体的に学習に取り組む態度」は方向目標を示しています。

○間違いを正したり，相手や目的を意識した表現になっているかを確かめたりして，文や文章を整え，行事を案内する手紙を書こうとする。

評価規準

≫知識・技能

○手紙を出す相手を考えて，丁寧な言葉を使うとともに，敬体と常体との違いに注意しながら書いている。

○新しく習う漢字を正しく読んだり書いたりしている。

● 対応する学習指導要領の項目：(1) エ，キ

≫思考・判断・表現

○案内の手紙に必要な事柄を確かめ，伝えたい内容を整理して，手紙の構成を考えている。

○大事なことを落とさずに，敬体の文章で案内の手紙の下書きを書いている。

○書いた手紙を見直して，字の間違いや言葉の使い方を確かめている。

○宛名の書き方を理解し，必要なことを確かめて手紙を清書している。

● 対応する学習指導要領の項目：B (1) イ，エ　(2) イ

≫主体的に学習に取り組む態度

○間違いを正したり，相手や目的を意識した表現になっているかを確かめたりして，文や文章を整え，行事を案内する手紙を書いている。

学習活動

小単元名	時数	学習活動	学習の過程
案内の手紙を書こう①	1	○30ページ下段を読み，学習の見通しを確認する。	見通し
		○身近で行われる行事を想起し，案内する相手を書き出す。 ○案内の手紙に必要な事柄について考える。	構成の検討
案内の手紙を書こう②	2	○31ページの「小西さんの手紙」を参考に，来てもらうために伝えることをメモに書き出す。 ○敬体と常体の違いを考え，メモをもとに下書きをする。	構成の検討
		○32ページ下段を読み，大事なことを手紙で伝えるために気をつけることを確認する。	構成の検討　推敲
案内の手紙を書こう③	2	○下書きを読み返し，大事な事柄が抜けていないか，内容や言葉の使い方に間違いがないかを確かめ，清書する。 ・32ページの「前田さんの手紙を書き直した例」を参考にする。 ・宛名は，34ページ「あて名の書き方」を参考にして書く。	構成の検討　推敲
		○33ページ「ふり返る」で，単元の学習をふり返る。	ふり返り

3年

| 3年 | 東書 | 教科書【下】：p.36～38　配当時数：3時間　配当月：11月 |

漢字の読み方

到達目標

≫知識・技能
○送り仮名の付け方を意識して，文や文章の中で漢字を使うことができる。
○第3学年までに配当されている漢字を読み，漸次書き，文や文章の中で使うことができる。
○行動や気持ちを表す語句の量を増やし，文章の中で使うとともに，言葉には性質や役割による語句のまとまりがあることを理解し，語彙を豊かにすることができる。
○新しく習う漢字を正しく読んだり書いたりすることができる。

≫主体的に学習に取り組む態度　※「主体的に学習に取り組む態度」は方向目標を示しています。
○漢字の読み方には音と訓があること，送り仮名によって漢字の読み方がはっきりすることなどを理解しようとする。

評価規準

≫知識・技能
○漢字には音と訓があることを知り，送り仮名の付け方に注意して，文や文章の中で漢字を使っている。
○36～38ページの中から行動や気持ちを表す言葉を見つけ，語彙を豊かにしている。
○新しく習う漢字を正しく読んだり書いたりしている。

● 対応する学習指導要領の項目：(1) ウ，エ，オ

≫主体的に学習に取り組む態度
○漢字の読み方には音と訓があること，送り仮名によって漢字の読み方がはっきりし，文の意味が決まることを理解し，文や文章で適切に使っている。

学習活動

小単元名	時数	学習活動	学習の過程
漢字の読み方	3	○漢字の読み方には，音と訓があることを知る。 ○36ページを読み，音と訓の特徴について知る。 ○送り仮名は，漢字の読み方をはっきりさせる働きがあることを確認する。 ・読み方がはっきりすると，文の意味も決まることを理解する。 ○37ページ下段の設問に取り組む。 ○38ページ「ことばあつめ」で行動と気持ちを表す言葉を考える。	

| 3年 | 東書 | 教科書【下】：p.40〜59　配当時数：12時間　配当月：11〜12月 |

想ぞうしたことをつたえ合おう

モチモチの木

主領域　C読むこと　　領域　B書くこと

関連する道徳の内容項目　A善悪の判断，自律，自由と責任　B親切，思いやり　C家族愛，家庭生活の充実

到達目標

>> 知識・技能

○様子や行動，気持ちや性格を表す語句の量を増やし，話や文章の中で使うことができる。

○新しく習う漢字を正しく読んだり書いたりすることができる。

>> 思考・判断・表現

○登場人物の気持ちの変化や性格，情景について，場面の移り変わりと結びつけて具体的に想像することができる。

○文章を読んで理解したことに基づいて，感想をもつことができる。

○物語を読み，内容を説明したり考えたことを伝え合ったりする活動ができる。

○自分の考えとそれを支える理由や事例との関係を明確にして，書き表し方を工夫することができる。

>> 主体的に学習に取り組む態度　※「主体的に学習に取り組む態度」は方向目標を示しています。

○物語を読んで理解したことに基づいて，感想をもち，考えたことなどを伝え合おうとする。

評価規準

>> 知識・技能

○「モチモチの木」を読んで，様子や行動，気持ちや性格を表す語句を見つけ，話や文章の中で使っている。

○新しく習う漢字を正しく読んだり書いたりしている。

　　　　　　　　　　　　　　　　　　　　　　　　● 対応する学習指導要領の項目：(1) エ，オ

>> 思考・判断・表現

○豆太のどんなところが臆病かを知り，豆太の人物像を想像している。

○昼と夜の豆太の様子の違いを読み取り，豆太の気持ちや人物像を思いうかべている。

○山の神様の祭りについて，見たいけれども諦めている豆太の気持ちを想像している。

○医者様を呼びに行く豆太の必死な様子や，山の神様の祭りを見た驚きを読み取り，そこから豆太の人物像を想像している。

○豆太はどんな男の子かについて，自分の考えをもち，友達と考えを伝え合っている。

　　　　　　　　　　　　　　　　　　　● 対応する学習指導要領の項目：C (1) エ，オ　　(2) イ

○じさまの優しさや，じさまを起こす豆太の気持ちを読み取り，それぞれの人物像をノートやワークシートにまとめている。

　　　　　　　　　　　　　　　　　　　　　　　　● 対応する学習指導要領の項目：B (1) ウ

>> 主体的に学習に取り組む態度

○「モチモチの木」を読んで豆太がどのような人物かを想像し，感想をもち，考えたことなどを伝え合おうとしている。

学習活動

小単元名	時数	学習活動	学習の過程
モチモチの木①	1	○56〜59ページの「てびき」を読んで，学習のめあてをつかむ。	見通し
		○物語を読んで，初発の感想を書く。	考えの形成
モチモチの木②	8	○豆太の行動や会話，様子がわかる言葉や文を場面ごとに整理する。 ・豆太が臆病だということがわかる言葉や文を探して，線を引く。	精査・解釈
		・じさまの豆太への思いや，語り手の気持ちを想像し，ノートやワークシートにまとめる。	精査・解釈 考えの形成
		・昼と夜の豆太の様子の違いを読み取る。 ・山の神様の祭りについて，豆太がどう思っているかを押さえる。	精査・解釈
		・医者様を呼びに行く時の豆太の行動を考え，豆太の気持ちを友達と話し合う。 ・モチモチの木に灯がついているのを見た時の豆太の気持ちを想像して，ノートやワークシートにまとめる。 ・じさまが元気になった晩に，じさまを起こした豆太の様子から，豆太の気持ちを考える。	精査・解釈 考えの形成
モチモチの木③	2	○これまでの学習から，豆太はどのような性格の人物か想像する。 ・想像した豆太の性格について，想像した理由と合わせて友達と話し合う。	精査・解釈 考えの形成
モチモチの木④	1	○59ページ「ふり返る」で，単元の学習をふり返る。	ふり返り

| 3年 | 東書 | 教科書【下】：p.60〜66　配当時数：8時間　配当月：12月 |

自分の考えをつたえよう

主領域　B書くこと

到達目標

知識・技能
○考えとそれを支える理由との関係について理解することができる。
○新しく習う漢字を正しく読んだり書いたりすることができる。

思考・判断・表現
○自分の考えとそれを支える理由との関係を明確にして，書き表し方を工夫することができる。
○書こうとしたことが明確になっているかなど，文章に対する感想や意見を伝え合い，自分の文章のよいところを見つけることができる。
○事実やそれをもとに考えたことを書く活動ができる。

主体的に学習に取り組む態度　　※「主体的に学習に取り組む態度」は方向目標を示しています。
○自分の考えとそれを支える理由との関係を明確にし，構成を工夫して，考えたことについて文章を書こうとする。

評価規準

知識・技能
○考えとそれを支える理由との関係について理解している。
○新しく習う漢字を正しく読んだり書いたりしている。

●対応する学習指導要領の項目：(1) エ　(2) ア

思考・判断・表現
○自分の考えとその理由を効果的に伝えるために，構成を工夫して書いている。
○読み手にわかりやすいように工夫されているかなど，文章に対する感想や意見を伝え合い，自分の文章のよいところを見つけている。
○自分の考えとそれを支える理由を明確にして，考えを書いている。

●対応する学習指導要領の項目：B (1) ウ，オ　(2) ア

主体的に学習に取り組む態度
○ある話題について自分の考えと理由を明確にし，構成を工夫して，読み手に納得してもらえるような文章を書こうとしている。

211

学習活動

小単元名	時数	学習活動	学習の過程
自分の考えをつたえよう①	1	○62ページの四角囲みの中を読み，学習の見通しを確認する。	見通し
		○61ページの山下さんの文章から，自分の考えを伝えるための工夫を探し，友達と話し合う。	考えの形成　共有
自分の考えをつたえよう②	2	○62・63ページの「話題のれい」を参考に，自分の考えと理由を整理して書く。 ・66ページ「図や表を使う」を参考に，思いついたことを書き出す。 ・63ページ下段「山下さんのメモ」を参照し，自分の考えを伝えるために，大事だと思うものをいくつか選んでまとめる。	考えの形成
自分の考えをつたえよう③	2	○どんな組み立てで書くと，自分の考えが読み手に伝わるか考え，組み立てメモを作る。 ・64ページ「組み立てメモ」を参考にする。	考えの形成
自分の考えをつたえよう④	2	○組み立てメモをもとに，自分の考えと理由を整理して文章を書く。	考えの形成　記述
自分の考えをつたえよう⑤	1	○書いた文章を友達と読み合い，考えとその理由がわかりやすく書けているところを伝え合う。	考えの形成　共有
		○65ページ「ふり返る」で，単元の学習をふり返る。	ふり返り

| 3年 | 東書 |

教科書【下】：p.68〜71　配当時数：4時間　配当月：12月

本をしょうかいしよう

| 主領域 | C読むこと

| 関連する道徳の内容項目 | A個性の伸長

到達目標

≫知識・技能

○幅広く読書に親しみ，読書が，必要な知識や情報を得ることに役立つことに気づくことができる。

○新しく習う漢字を正しく読んだり書いたりすることができる。

≫思考・判断・表現

○文章を読んで感じたことや考えたことを共有し，一人一人の感じ方などに違いがあることに気づくことができる。

≫主体的に学習に取り組む態度　※「主体的に学習に取り組む態度」は方向目標を示しています。

○本を読んで感じたことや考えたことを共有し，読んでもらいたい本を選んで紹介し合おうとする。

評価規準

≫知識・技能

○本を読む目的に応じて，必要な本などの選び方を身に付けている。

○新しく習う漢字を正しく読んだり書いたりしている。

　　　　　　　　　　　　　　　　　　　　　　　　● 対応する学習指導要領の項目：(1) エ　(3) オ

≫思考・判断・表現

○自分が読んだ本の中から友達に紹介したい本を選んで伝え合い，一人一人の感じ方に違いがあることに気づいている。

　　　　　　　　　　　　　　　　　　　　　　　　● 対応する学習指導要領の項目：C (1) カ

≫主体的に学習に取り組む態度

○これまでの読書経験から読んでもらいたい本を選んで紹介し合っている。

学習活動

小単元名	時数	学習活動	学習の過程
本をしょうかいしよう	4	○68 ページ下段を読み，学習の見通しを確認する。	見通し
		○これまでに読んだ，どの本の，どんなところを紹介したいかを考え，本を選ぶ。 ・どのような本か，その本を紹介する理由は何かをメモに書く。 ・71 ページ「三年生の本だな」から紹介してもよい。 ○友達と本の紹介を聞き合う。 ○友達が紹介した本の中から読みたい本を選ぶ。 ○紹介された本を読み，その本を紹介してくれた友達に感想を伝える。	共有
		○70 ページ「ふり返る」で，単元の学習をふり返る。	ふり返り

| 3年 | 東書 | 教科書【下】：p.74〜77　配当時数：3時間　配当月：1月 |

つたえたい言の葉
俳句に親しむ

主領域　C読むこと　　領域　B書くこと

関連する道徳の内容項目　C伝統と文化の尊重，国や郷土を愛する態度

到達目標

≫知識・技能

○易しい文語調の俳句を音読したり暗唱するなどして，言葉の響きやリズムに親しむことができる。

○新しく習う漢字を正しく読んだり書いたりすることができる。

≫思考・判断・表現

○俳句を比較したり分類したりして，伝えたいことを明確にすることができる。

○俳句を読んで感じたことを共有し，一人一人の感じ方などに違いがあることに気づくことができる。

≫主体的に学習に取り組む態度　　※「主体的に学習に取り組む態度」は方向目標を示しています。

○俳句のきまりを知り，音読したり暗唱したりして言葉の響きやリズムを味わい，好きな俳句を短冊に書き写すなどして俳句に親しもうとする。

評価規準

≫知識・技能

○易しい文語調の俳句を音読したり暗唱するなどして，言葉の響きやリズムに親しんでいる。

○新しく習う漢字を正しく読んだり書いたりしている。

● 対応する学習指導要領の項目：(1) エ　(3) ア

≫思考・判断・表現

○俳句を読んで感じたことを伝え合い，友達との感じ方に違いがあることに気づいている。

● 対応する学習指導要領の項目：C (1) カ

○言葉の響きやリズムを楽しんで音読し，好きな俳句を選んでいる。

● 対応する学習指導要領の項目：B (1) ア

≫主体的に学習に取り組む態度

○五・七・五の十七音でできていること，季語を入れることなど俳句のきまりを知り，音読したり暗唱したりして言葉の響きやリズムを味わい，好きな俳句を短冊に書き写すなどして俳句に親しもうとしている。

215

学習活動

小単元名	時数	学習活動	学習の過程
俳句に親しむ	3	○五・七・五の十七音でできていること，季語を入れることなど俳句のきまりを知り，声に出して読む。	見通し
		○音の切れ目やどの言葉が季語であるかについて，友達と話し合う。	内容の検討　共有
		○74～77ページの俳句で，好きなものを選び，暗唱する。	情報の収集 内容の検討
		・友達の暗唱や，句を選んだ理由を聞いて，自分と似ているところや違うところを見つける。 ○気に入った俳句を短冊に書き写してしおりを作る。 ○160ページの俳句や，地域にゆかりのある俳句を調べたり音読したりする。	内容の検討　共有

| 3年 | 東書 |

教科書【下】：p.78〜81　配当時数：3時間　配当月：1月

心が動いたことを詩で表そう

主領域　B書くこと

到達目標

》知識・技能
○様子や行動，気持ちや性格を表す語句の量を増やし，詩の中で使うことができる。
○新しく習う漢字を正しく読んだり書いたりすることができる。

》思考・判断・表現
○経験したことや想像したことなどから書くことを選び，集めた材料を比較したり分類したりして，伝えたいことを明確にすることができる。
○書こうとしたことが明確になっているかなど，感想や意見を伝え合い，自分の文章のよいところを見つけることができる。
○感じたことや想像したことを書く活動ができる。

》主体的に学習に取り組む態度　※「主体的に学習に取り組む態度」は方向目標を示しています。
○目的を意識した表現になっているかを確かめ，言葉を選び，詩を書こうとする。

評価規準

》知識・技能
○詩を書くために，様子や行動，気持ちや性格を表す語句を集めている。
○新しく習う漢字を正しく読んだり書いたりしている。

　　　　　　　　　　　　　　　　　　　　●対応する学習指導要領の項目：(1) エ，オ

》思考・判断・表現
○経験をふり返り，気持ちが動いたことや発見したことを集め，伝えたいことを考えている。
○書いた詩を友達と読み合い，よいところを見つけて感想を伝え合っている。
○言葉を選んだり，表現を工夫したりして，詩を書いている。

　　　　　　　　　　　　　　　　　●対応する学習指導要領の項目：B (1) ア，オ　(2) ウ

》主体的に学習に取り組む態度
○生活の中から詩に書きたいことを決め，その時の様子や感じたことを思い出しながら言葉を集め，心の動きがわかるような言葉を選んで詩を書いている。

学習活動

小単元名	時数	学習活動	学習の過程
心が動いたことを詩で表そう	3	○78 ページ下段を読み，学習の見通しを確認する。	見通し
		○79 ページの詩を読み，作者が詩で表したかったことを考え，友達と話し合う。	情報の収集　共有
		○自分の発見や感動をメモに書き出し，どんなことを伝えたいかを考え，題材を選ぶ。	題材の設定
		○書くことを決め，その時の様子や感じたことを詳しく思い出し，思いうかぶ言葉をノートやメモに書き出す。	題材の設定 情報の収集
		○伝えたいことに合う言葉を選び，詩を書く。 ・違う言葉に置き換えたり，新しく思いうかんだ言葉を使うなど，言葉や表現を工夫する。	内容の検討
		○友達と詩を交換して読み合い，よいと思ったことを伝え合う。	共有
		○81 ページ「ふり返る」で，単元の学習をふり返る。	ふり返り

| 3年 | 東書 | 教科書【下】：p.82〜86　配当時数：5時間　配当月：1月 |

言葉でつたえ合う

主領域　B書くこと　　領域　A話すこと・聞くこと

到達目標

≫知識・技能

○言葉には，考えたことや思ったことを表す働きがあることに気づくことができる。

○主語と述語の関係，修飾と被修飾の関係について理解することができる。

○新しく習う漢字を正しく読んだり書いたりすることができる。

≫思考・判断・表現

○間違いを正したり，相手や目的を意識した表現になっているかを確かめたりして，文や文章を整えることができる。

○相手に伝わるように，理由や事例などを挙げながら，話の中心が明確になるよう，話の構成を考えて話すことができる。

≫主体的に学習に取り組む態度　　※「主体的に学習に取り組む態度」は方向目標を示しています。

○思いや考えを伝えるためにどのような工夫をすればよいか考え，言葉を選んだり伝え方を工夫したりして考えたことを伝えようとする。

評価規準

≫知識・技能

○自分の思いや考えを伝えられるよう，考えたことや思ったことを表す言葉を選んでいる。

○誰に何を伝えるかによって，どの言葉を詳しくすればよいか理解している。

○新しく習う漢字を正しく読んだり書いたりしている。

●対応する学習指導要領の項目：(1) ア，エ，カ

≫思考・判断・表現

○より詳しく伝えるにはどうしたらよいか，相手によってどんな言葉を使うとよいかなどを考え，文や文章を整えている。

●対応する学習指導要領の項目：B (1) エ

○友達と話すときや手紙を書くときなど，どのような点に気をつけて伝えるとよいかを話している。

○説明が足りないところを考え，どうすればうまく伝えられるか考えて話している。

●対応する学習指導要領の項目：A (1) イ

≫主体的に学習に取り組む態度

○自分の思いや考えを伝えるために，相手や，話す・手紙を書くなどの伝え方によってどのような工夫をすればよいか考えている。

学習活動

小単元名	時数	学習活動	学習の過程
言葉でつたえ合う①	2	○82ページの文章と28ページのスピーチ例を比べ，説明が足りないところを考える。	構成の検討 考えの形成
		・82ページの文章の一文を取り出し，どんな言葉を補えばよいか考え，ノートに書く。	考えの形成　推敲
		・相手意識をもち，どんな相手にどのような言葉を使うとよいか知る。	構成の検討 考えの形成
言葉でつたえ合う②	2	○相手や目的を意識して，自分の好きな食べ物についての文章を書く。 ・84ページの文章を読んで，伝え方の工夫を見つける。	構成の検討 考えの形成
		・自分の好きな食べ物についての文章を友達と読み合い，伝え方の工夫についてアドバイスをし合う。	考えの形成　推敲
言葉でつたえ合う③	1	○85・86ページを読み，身の回りにある様々な伝え方や，それぞれの伝え方の工夫について考える。 ・標識，手話，点字など	構成の検討 考えの形成

| 3年 | 東書 | 教科書【下】：p.88〜100　配当時数：11時間　配当月：1〜2月 |

世界の家のつくりについて考えよう

人をつつむ形ー世界の家めぐり

主領域　C読むこと　　領域　B書くこと

関連する道徳の内容項目　C伝統と文化の尊重，国や郷土を愛する態度／国際理解，国際親善

到達目標

≫知識・技能

○考えとそれを支える理由や事例など，情報と情報の関係について理解することができる。

○新しく習う漢字を正しく読んだり書いたりすることができる。

≫思考・判断・表現

○文章を読んで理解したことに基づいて，感想や考えをもつことができる。

○文章を読んで感じたことや考えたことを共有し，一人一人の感じ方などに違いがあることに気づくことができる。

○記録や報告などの文章を読み，わかったことや考えたことを説明したり，意見を述べたりする活動ができる。

○相手や目的を意識して書くことを選び，集めた材料を比較したり分類したりして，伝えたいことを明確にすることができる。

≫主体的に学習に取り組む態度　　※「主体的に学習に取り組む態度」は方向目標を示しています。

○文章を読んで理解したことに基づいて，いろいろな家のつくりについて整理し，日本の家のつくりについても考えようとする。

評価規準

≫知識・技能

○筆者の考えと事例を結び付けて読み，「世界の家」についての説明を理解している。

○新しく習う漢字を正しく読んだり書いたりしている。

● 対応する学習指導要領の項目：(1) エ　(2) ア

≫思考・判断・表現

○世界の家のつくりについて，絵や写真と結び付けて文章を読み，土地の特徴や人々の暮らしとの関係を捉えて感想を述べている。

○教材文の内容を整理したことをもとに考えたことを伝え合い，互いの考え方の違いに気づいている。

○家のつくりについての筆者の見方や考え方を読み取り，本文を引用しながら説明したり，意見を述べたりしている。

● 対応する学習指導要領の項目：C (1) オ，カ　(2) ア

○日本の家のつくりについての自分の考えを，理由や事例を挙げて書いている。

● 対応する学習指導要領の項目：B (1) ア

≫主体的に学習に取り組む態度

○「人をつつむ形」を読んで理解したことに基づいて，いろいろな家のつくりについて整理し，日本の家のつくりについて考えて文章にまとめている。

学習活動

小単元名	時数	学習活動	学習の過程
人をつつむ形―世界の家めぐり①	2	○98～100ページの「てびき」を読んで，学習のめあてをつかむ。	見通し
		○文章を読み，初めて知ったことや不思議に思ったこと，驚いたことを発表する。	考えの形成　共有
人をつつむ形―世界の家めぐり②	2	○「人をつつむ家」全体の文章構成を確認する。 ・導入部分にひとまとまりの文章があり，その後で3つの国の具体事例が挙げられている。 ○導入部分から，筆者の見方や考え方を読み取る。	考えの形成
人をつつむ形―世界の家めぐり③	4	○3つの国の家について，文章に書かれていることを，絵や写真を参考にしながら整理する。 ・モンゴル，チュニジア，セネガルそれぞれの事例と，筆者の考えとのつながりを確かめる。	考えの形成
人をつつむ形―世界の家めぐり④	3	○読んだことをもとに，日本の家のつくりについて考え，友達と交流する。	情報の収集 考えの形成　共有
		○話し合ったことをもとに，日本の家のつくりについて，文章にまとめる。	情報の収集 内容の検討
		○100ページ「ふり返る」で，単元の学習をふり返る。	ふり返り

| 3年 | 東書 |

教科書【下】：p.102〜109　配当時数：10時間　配当月：2月

外国のことをしょうかいしよう

主領域　A話すこと・聞くこと

関連する道徳の内容項目　C国際理解，国際親善

到達目標

≫知識・技能

○相手を見て話したり聞いたりするとともに，言葉の抑揚や強弱，間の取り方などに注意して話すことができる。

○比較や分類の仕方，必要な語句などの書き留め方，引用の仕方や出典の示し方，辞書や辞典の使い方を理解し，使うことができる。

○新しく習う漢字を正しく読んだり書いたりすることができる。

≫思考・判断・表現

○相手に伝わるように，理由や事例などを挙げながら，話の中心が明確になるよう話の構成を考えることができる。

○話の中心や話す場面を意識して，言葉の抑揚や強弱，間の取り方などを工夫することができる。

○調べたことを話したり，それらを聞いたりする活動ができる。

≫主体的に学習に取り組む態度　※「主体的に学習に取り組む態度」は方向目標を示しています。

○興味をもった国について調べ，調べて分かったことを整理してポスターを作り，みんなの前で説明しようとする。

評価規準

≫知識・技能

○聞き手を見て話すとともに，言葉の抑揚や強弱，間の取り方などに注意して話している。

○外国について調べたことを比較・分類し，必要なことをメモし，出典を明示して引用している。

○新しく習う漢字を正しく読んだり書いたりしている。

──● 対応する学習指導要領の項目：(1) イ，エ　(2) イ

≫思考・判断・表現

○事柄のまとまりがわかるように話を組み立て，発表している。

○聞き手に興味をもってもらえるように，声の大きさや強弱，調子を工夫して話している。

○事柄のまとまりや大事な言葉が伝わるように，間の取り方を考えている。

○調べた国について，聞き手にわかりやすく伝えたり，発表したりしている。

──● 対応する学習指導要領の項目：A (1) イ，ウ　(2) ア

≫主体的に学習に取り組む態度

○興味をもった国について調べ，調べて分かったことを整理してポスターを作っている。

○話の組み立てや話し方を工夫してみんなの前で説明しようとしている。

学習活動

小単元名	時数	学習活動	学習の過程
外国のことをしょうかいしよう①	3	○104ページの四角囲みの中を読み，学習の見通しを確認する。	見通し
		○グループごとに紹介する国を決め，だれが何についてどのように調べるか，計画を立てる。 ・104ページ下段「計画メモ」を参考に，調べることや調べ方を確認し，調べたことを書き出す。	構成の検討
外国のことをしょうかいしよう②	3	○書き出したものを集め，どういった事柄を取り上げるか，話し合って整理する。	考えの形成　共有
		○どのような順序で説明するか，話の組み立てや話し方の工夫を考えてポスターを作る。	構成の検討 考えの形成
外国のことをしょうかいしよう③	2	○107ページ「おさえる」を参考に，間の取り方や声の大きさを考えて説明の練習をする。 ・聞いていてわかりやすかったところや直したほうがよいところなどをアドバイスし合う。	考えの形成
外国のことをしょうかいしよう④	2	○練習で考えた工夫を生かし，みんなの前で発表する。	表現
		○109ページ「ふり返る」で，単元の学習をふり返る。	ふり返り

| 3年 | 東書 |

教科書【下】：p.110〜125　配当時数：12時間　配当月：2〜3月

物語のしかけをさがそう

ゆうすげ村の小さな旅館－ウサギのダイコン

| 主領域 | C読むこと　| 領域 | B書くこと

| 関連する道徳の内容項目 | B親切，思いやり　D自然愛護

到達目標

≫知識・技能

○様子や行動，気持ちや性格を表す語句の量を増やすことができる。

○新しく習う漢字を正しく読んだり書いたりすることができる。

≫思考・判断・表現

○登場人物の行動や気持ちなどについて，叙述をもとに捉えることができる。

○文章を読んで感じたことや考えたことを共有し，一人一人の感じ方に違いがあることに気づくことができる。

○物語などを読み，内容を説明したり考えたことなどを伝え合ったりする活動ができる。

○読み取ったことや想像したことなどから書くことを選び，集めた材料を比較したり分類したりして，伝えたいことを明確にすることができる。

≫主体的に学習に取り組む態度　※「主体的に学習に取り組む態度」は方向目標を示しています。

○登場人物の行動や気持ちなどについて叙述をもとに捉え，シリーズの物語を読んで，同じところや違うところを見つけて伝え合おうとする。

評価規準

≫知識・技能

○「ウサギのダイコン」を読んで，様子や行動，気持ちや性格を表す言葉を見つけている。

○新しく習う漢字を正しく読んだり書いたりしている。

● 対応する学習指導要領の項目：(1) エ，オ

≫思考・判断・表現

○つぼみさんと美月の様子や気持ちを，場面ごとの叙述をもとに捉えている。

○物語全体の出来事の流れを確かめ，語や表現に着目して，物語のしかけを探しながら読んでいる。

○「ウサギのダイコン」を読んで感じたことや考えたことを伝え合い，友達との感じ方の違いに気づいている。

○起きた出来事を読み取り，文章中の語や表現に注意してつぼみさんと美月の気持ちを想像し，書いたり発表したりしている。

● 対応する学習指導要領の項目：C (1) イ，カ　(2) イ

○場面と場面，また，「ウサギのダイコン」と「クマの風船」を関連付けて，物語の出来事を読み取り，人物の様子や気持ちについて書いている。

● 対応する学習指導要領の項目：B (1) ア

≫主体的に学習に取り組む態度

○つぼみさんと美月の行動や気持ちなどについて叙述をもとに捉え，シリーズの物語を読んで，同じところや違うところを見つけて伝え合おうとする。

学習活動

小単元名	時数	学習活動	学習の過程
ゆうすげ村の小さな旅館ーウサギのダイコン①	1	○123〜125ページの「てびき」を読んで，学習のめあてをつかむ。	見通し
ゆうすげ村の小さな旅館ーウサギのダイコン②	8	○「時」「場所」「人物」を押さえて読み，初発の感想を書く。 ○起きた出来事を読み取り，叙述に注意して，つぼみさんと美月の気持ちを読み取る。 ・場面を分け，場面ごとの「場所」と「人物」を確かめる。	精査・解釈
		・人物の行動に気をつけて，場面ごとにどんな出来事が起きたか，物語に出てきた大切な役割をもつものや道具を確かめる。	精査・解釈　共有
		・場面と場面を関連付けて，つぼみさんと美月の様子や性格についてわかることをノートやワークシートに書く。	精査・解釈
ゆうすげ村の小さな旅館ーウサギのダイコン③	1	○人物のほかにも，大切な役割をもつものや道具があり，物語のしかけに関わるものがあることを確かめる。	精査・解釈
ゆうすげ村の小さな旅館ーウサギのダイコン④	2	○134ページ「クマの風船」を読み，「ウサギのダイコン」と同じところや違うところについて友達と伝え合う。	内容の検討　共有
		○125ページ「ふり返る」で，単元の学習をふり返る。	ふり返り

3年 東書　　　　　　　　　　　　　　教科書【下】：p.126〜127　配当時数：2時間　配当月：3月

漢字の組み立てと意味

到達目標

≫知識・技能

○第3学年までに配当されている漢字を読み，漸次書き，文や文章の中で使うことができる。

○漢字が，へんやつくりなどから構成されていることについて理解することができる。

○新しく習う漢字を正しく読んだり書いたりすることができる。

≫主体的に学習に取り組む態度　※「主体的に学習に取り組む態度」は方向目標を示しています。

○漢字がへんやつくりなどから構成されていることを理解し，部首と漢字が表す意味の関係について考えようとする。

評価規準

≫知識・技能

○共通する部首を持つ漢字があることを知り，代表的な部首の名前や，部首と漢字の意味との関係について理解している。

○新しく習う漢字を正しく読んだり書いたりしている。

　　　　　　　　　　　　　　　　　　　　　　　　　● 対応する学習指導要領の項目：(1) エ　(3) ウ

≫主体的に学習に取り組む態度

○漢字がへんやつくりなどから構成されていること，部首によってグループ分けできること，共通する意味があることなどを理解している。

学習活動

小単元名	時数	学習活動	学習の過程
漢字の組み立てと意味	2	○部首とは何かを理解する。 ・「へん」「つくり」「かんむり」「あし」「かまえ」「にょう」「たれ」が，それぞれ漢字のどの部分を表す名前かを知る。 ○「ごんべん」について気づいたことを発表する。 ○「さんずい」や「くさかんむり」は，何に関係する意味を表しているか考える。 ○126・127ページに挙げられている部首について，そこに属する漢字の共通点から意味を考える。	

227

| 3年 | 東書 | 教科書【下】：p.128〜131　配当時数：8時間　配当月：3月 |

「わたしのベストブック」を作ろう

| 主領域 | B書くこと |

| 関連する道徳の内容項目 | B友情，信頼／相互理解，寛容 |

到達目標

≫知識・技能

○漢字と仮名を用いた表記，送り仮名の付け方，改行の仕方を理解して文や文章の中で使うとともに，句読点を適切に打つことができる。

○新しく習う漢字を正しく読んだり書いたりすることができる。

≫思考・判断・表現

○間違いを正したり，相手や目的を意識した表現になっているかを確かめたりして，文や文章を整えることができる。

○書こうとしたことが明確になっているかなど，文章に対する感想や意見を伝え合い，自分の文章のよいところを見つけることができる。

≫主体的に学習に取り組む態度　※「主体的に学習に取り組む態度」は方向目標を示しています。

○これまでに書いた文章を読み返し，自分の文章のよいところを見つけて「わたしのベストブック」を作ろうとする。

評価規準

≫知識・技能

○漢字と仮名の表記の仕方，改行の仕方，句読点の打ち方などを適切に使って文や文章を書いている。

○新しく習う漢字を正しく読んだり書いたりしている。

● 対応する学習指導要領の項目：(1) ウ，エ

≫思考・判断・表現

○書いた文章を読み返して，文章の間違いに気づいたり，よりよい表現に書き直したりして，文や文章を整えている。

○カードやメモをもとに自分が書いた文章のよさを確かめ，敬体で賞状を書いている。

○友達の文章のよさを見つけ，どの部分がどのようにうまく書けているかを具体的に伝えている。

○「わたしのベストブック」を読み合い，書こうとしたことが明確になっているかなど，文章に対する感想や意見を伝え合っている。

● 対応する学習指導要領の項目：B (1) エ，オ

≫主体的に学習に取り組む態度

○これまでに書いた文章を読み返し，自分の文章のよいところを見つけて「わたしのベストブック」を作っている。

学習活動

小単元名	時数	学習活動	学習の過程
「わたしのベストブック」を作ろう①	2	○128ページ下段を読み，学習の見通しを確認する。	見通し
		○これまでに書いてきた文章を読み返し，がんばってかけたと思うものを3つ選ぶ。	推敲
「わたしのベストブック」を作ろう②	2	○129ページを参考に「がんばったよカード」に書き出す。	推敲
		・それぞれの文章を書くときに工夫したことや気をつけたことを思い出す。	
「わたしのベストブック」を作ろう③	2	○友達の文章に賞状を書き，渡す。	推敲　共有
		・友達の文章を読み，いちばんよく書けていると思うものを選び，その理由をノートやカードに書く。	
		・文章のどんなところがよいか，どんな工夫をしていたかを賞状に敬体で書く。	
		○自分が書いた賞状や，友達がくれた賞状を読み返す。	
「わたしのベストブック」を作ろう④	2	○賞状と3つの文章をまとめて「わたしのベストブック」を作る。	推敲
		・表紙を付けるなどしてもよい。	
		○131ページ「ふり返る」で，単元の学習をふり返る。	共有　ふり返り

3年

MEMO

MEMO

MEMO

MEMO

MEMO

MEMO

学習指導要領

第1節　国　　語

第1　目　標

言葉による見方・考え方を働かせ，言語活動を通して，国語で正確に理解し適切に表現する資質・能力を次のとおり育成することを目指す。

(1) 日常生活に必要な国語について，その特質を理解し適切に使うことができるようにする。

(2) 日常生活における人との関わりの中で伝え合う力を高め，思考力や想像力を養う。

(3) 言葉がもつよさを認識するとともに，言語感覚を養い，国語の大切さを自覚し，国語を尊重してその能力の向上を図る態度を養う。

第2　各学年の目標及び内容

〔第1学年及び第2学年〕

1　目　標

(1) 日常生活に必要な国語の知識や技能を身に付けるとともに，我が国の言語文化に親しんだり理解したりすることができるようにする。

(2) 順序立てて考える力や感じたり想像したりする力を養い，日常生活における人との関わりの中で伝え合う力を高め，自分の思いや考えをもつことができるようにする。

(3) 言葉がもつよさを感じるとともに，楽しんで読書をし，国語を大切にして，思いや考えを伝え合おうとする態度を養う。

2　内　容

〔知識及び技能〕

(1) 言葉の特徴や使い方に関する次の事項を身に付けることができるよう指導する。

ア　言葉には，事物の内容を表す働きや，経験したことを伝える働きがあることに気付くこと。

イ　音節と文字との関係，アクセントによる語の意味の違いなどに気付くとともに，姿勢や口形，発声や発音に注意して話すこと。

ウ　長音，拗音，促音，撥音などの表記，助詞の「は」，「へ」及び「を」の使い方，句読点の打ち方，かぎ（「　」）の使い方を理解して文や文章の中で使うこと。また，平仮名及び片仮名を読み，書くとともに，片仮名で書く語の種類を知り，文や文章の中で使うこと。

エ　第1学年においては，別表の学年別漢字配当表（以下「学年別漢字配当表」という。）の第1学年に配当されている漢字を読み，漸次書き，文や文章の中で使うこと。第2学年においては，学年別漢字配当表の第2学年までに配当されている漢字を読むこと。また，第1学年に配当されている漢字

を書き，文や文章の中で使うとともに，第2学年に配当されている漢字を漸次書き，文や文章の中で使うこと。

オ　身近なことを表す語句の量を増し，話や文章の中で使うとともに，言葉には意味による語句のまとまりがあることに気付き，語彙を豊かにすること。

カ　文の中における主語と述語との関係に気付くこと。

キ　丁寧な言葉と普通の言葉との違いに気を付けて使うとともに，敬体で書かれた文章に慣れること。

ク　語のまとまりや言葉の響きなどに気を付けて音読すること。

(2)　話や文章に含まれている情報の扱い方に関する次の事項を身に付けることができるよう指導する。

ア　共通，相違，事柄の順序など情報と情報との関係について理解すること。

(3)　我が国の言語文化に関する次の事項を身に付けることができるよう指導する。

ア　昔話や神話・伝承などの読み聞かせを聞くなどして，我が国の伝統的な言語文化に親しむこと。

イ　長く親しまれている言葉遊びを通して，言葉の豊かさに気付くこと。

ウ　書写に関する次の事項を理解し使うこと。

(ア)　姿勢や筆記具の持ち方を正しくして書くこと。

(イ)　点画の書き方や文字の形に注意しながら，筆順に従って丁寧に書くこと。

(ウ)　点画相互の接し方や交わり方，長短や方向などに注意して，文字を正しく書くこと。

エ　読書に親しみ，いろいろな本があることを知ること。

〔思考力，判断力，表現力等〕

A　話すこと・聞くこと

(1)　話すこと・聞くことに関する次の事項を身に付けることができるよう指導する。

ア　身近なことや経験したことなどから話題を決め，伝え合うために必要な事柄を選ぶこと。

イ　相手に伝わるように，行動したことや経験したことに基づいて，話す事柄の順序を考えること。

ウ　伝えたい事柄や相手に応じて，声の大きさや速さなどを工夫すること。

エ　話し手が知らせたいことや自分が聞きたいことを落とさないように集中して聞き，話の内容を捉えて感想をもつこと。

オ　互いの話に関心をもち，相手の発言を受けて話をつなぐこと。

(2)　(1)に示す事項については，例えば，次のような言語活動を通して指導するものとする。

ア　紹介や説明，報告など伝えたいことを話したり，それらを聞いて声に出して確かめたり感想を述べたりする活動。

イ　尋ねたり応答したりするなどして，少人数で話し合う活動。

B 書くこと

(1) 書くことに関する次の事項を身に付けることができるよう指導する。

ア 経験したことや想像したことなどから書くことを見付け，必要な事柄を集めたり確かめたりして，伝えたいことを明確にすること。

イ 自分の思いや考えが明確になるように，事柄の順序に沿って簡単な構成を考えること。

ウ 語と語や文と文との続き方に注意しながら，内容のまとまりが分かるように書き表し方を工夫すること。

エ 文章を読み返す習慣を付けるとともに，間違いを正したり，語と語や文と文との続き方を確かめたりすること。

オ 文章に対する感想を伝え合い，自分の文章の内容や表現のよいところを見付けること。

(2) (1)に示す事項については，例えば，次のような言語活動を通して指導するものとする。

ア 身近なことや経験したことを報告したり，観察したことを記録したりするなど，見聞きしたことを書く活動。

イ 日記や手紙を書くなど，思ったことや伝えたいことを書く活動。

ウ 簡単な物語をつくるなど，感じたことや想像したことを書く活動。

C 読むこと

(1) 読むことに関する次の事項を身に付けることができるよう指導する。

ア 時間的な順序や事柄の順序などを考えながら，内容の大体を捉えること。

イ 場面の様子や登場人物の行動など，内容の大体を捉えること。

ウ 文章の中の重要な語や文を考えて選び出すこと。

エ 場面の様子に着目して，登場人物の行動を具体的に想像すること。

オ 文章の内容と自分の体験とを結び付けて，感想をもつこと。

カ 文章を読んで感じたことや分かったことを共有すること。

(2) (1)に示す事項については，例えば，次のような言語活動を通して指導するものとする。

ア 事物の仕組みを説明した文章などを読み，分かったことや考えたことを述べる活動。

イ 読み聞かせを聞いたり物語などを読んだりして，内容や感想などを伝え合ったり，演じたりする活動。

ウ 学校図書館などを利用し，図鑑や科学的なことについて書いた本などを読み，分かったことなどを説明する活動。

〔第3学年及び第4学年〕

1　目　標

(1)　日常生活に必要な国語の知識や技能を身に付けるとともに，我が国の言語文化に親しんだり理解したりすることができるようにする。

(2)　筋道立てて考える力や豊かに感じたり想像したりする力を養い，日常生活における人との関わりの中で伝え合う力を高め，自分の思いや考えをまとめることができるようにする。

(3)　言葉がもつよさに気付くとともに，幅広く読書をし，国語を大切にして，思いや考えを伝え合おうとする態度を養う。

2　内　容

〔知識及び技能〕

(1)　言葉の特徴や使い方に関する次の事項を身に付けることができるよう指導する。

　ア　言葉には，考えたことや思ったことを表す働きがあることに気付くこと。

　イ　相手を見て話したり聞いたりするとともに，言葉の抑揚や強弱，間の取り方などに注意して話すこと。

　ウ　漢字と仮名を用いた表記，送り仮名の付け方，改行の仕方を理解して文や文章の中で使うとともに，句読点を適切に打つこと。また，第3学年においては，日常使われている簡単な単語について，ローマ字で表記されたものを読み，ローマ字で書くこと。

　エ　第3学年及び第4学年の各学年においては，学年別漢字配当表の当該学年までに配当されている漢字を読むこと。また，当該学年の前の学年までに配当されている漢字を書き，文や文章の中で使うとともに，当該学年に配当されている漢字を漸次書き，文や文章の中で使うこと。

　オ　様子や行動，気持ちや性格を表す語句の量を増し，話や文章の中で使うとともに，言葉には性質や役割による語句のまとまりがあることを理解し，語彙を豊かにすること。

　カ　主語と述語との関係，修飾と被修飾との関係，指示する語句と接続する語句の役割，段落の役割について理解すること。

　キ　丁寧な言葉を使うとともに，敬体と常体との違いに注意しながら書くこと。

　ク　文章全体の構成や内容の大体を意識しながら音読すること。

(2)　話や文章に含まれている情報の扱い方に関する次の事項を身に付けることができるよう指導する。

　ア　考えとそれを支える理由や事例，全体と中心など情報と情報との関係について理解すること。

　イ　比較や分類の仕方，必要な語句などの書き留め方，引用の仕方や出典の示し方，辞書や事典の使い方を理解し使うこと。

(3)　我が国の言語文化に関する次の事項を身に付けることができるよう指導する。

　ア　易しい文語調の短歌や俳句を音読したり暗唱したりするなどして，言葉の響きやリズムに親しむ

こと。

イ　長い間使われてきたことわざや慣用句，故事成語などの意味を知り，使うこと。

ウ　漢字が，へんやつくりなどから構成されていることについて理解すること。

エ　書写に関する次の事項を理解し使うこと。

　(ア)　文字の組立て方を理解し，形を整えて書くこと。

　(イ)　漢字や仮名の大きさ，配列に注意して書くこと。

　(ウ)　毛筆を使用して点画の書き方への理解を深め，筆圧などに注意して書くこと。

オ　幅広く読書に親しみ，読書が，必要な知識や情報を得ることに役立つことに気付くこと。

〔思考力，判断力，表現力等〕

A　話すこと・聞くこと

(1)　話すこと・聞くことに関する次の事項を身に付けることができるよう指導する。

ア　目的を意識して，日常生活の中から話題を決め，集めた材料を比較したり分類したりして，伝え合うために必要な事柄を選ぶこと。

イ　相手に伝わるように，理由や事例などを挙げながら，話の中心が明確になるよう話の構成を考えること。

ウ　話の中心や話す場面を意識して，言葉の抑揚や強弱，間の取り方などを工夫すること。

エ　必要なことを記録したり質問したりしながら聞き，話し手が伝えたいことや自分が聞きたいことの中心を捉え，自分の考えをもつこと。

オ　目的や進め方を確認し，司会などの役割を果たしながら話し合い，互いの意見の共通点や相違点に着目して，考えをまとめること。

(2)　(1)に示す事項については，例えば，次のような言語活動を通して指導するものとする。

ア　説明や報告など調べたことを話したり，それらを聞いたりする活動。

イ　質問するなどして情報を集めたり，それらを発表したりする活動。

ウ　互いの考えを伝えるなどして，グループや学級全体で話し合う活動。

B　書くこと

(1)　書くことに関する次の事項を身に付けることができるよう指導する。

ア　相手や目的を意識して，経験したことや想像したことなどから書くことを選び，集めた材料を比較したり分類したりして，伝えたいことを明確にすること。

イ　書く内容の中心を明確にし，内容のまとまりで段落をつくったり，段落相互の関係に注意したりして，文章の構成を考えること。

ウ　自分の考えとそれを支える理由や事例との関係を明確にして，書き表し方を工夫すること。

エ　間違いを正したり，相手や目的を意識した表現になっているかを確かめたりして，文や文章を整えること。

オ　書こうとしたことが明確になっているかなど，文章に対する感想や意見を伝え合い，自分の文章のよいところを見付けること。

(2) (1)に示す事項については，例えば，次のような言語活動を通して指導するものとする。

ア　調べたことをまとめて報告するなど，事実やそれを基に考えたことを書く活動。

イ　行事の案内やお礼の文章を書くなど，伝えたいことを手紙に書く活動。

ウ　詩や物語をつくるなど，感じたことや想像したことを書く活動。

C　読むこと

(1) 読むことに関する次の事項を身に付けることができるよう指導する。

ア　段落相互の関係に着目しながら，考えとそれを支える理由や事例との関係などについて，叙述を基に捉えること。

イ　登場人物の行動や気持ちなどについて，叙述を基に捉えること。

ウ　目的を意識して，中心となる語や文を見付けて要約すること。

エ　登場人物の気持ちの変化や性格，情景について，場面の移り変わりと結び付けて具体的に想像すること。

オ　文章を読んで理解したことに基づいて，感想や考えをもつこと。

カ　文章を読んで感じたことや考えたことを共有し，一人一人の感じ方などに違いがあることに気付くこと。

(2) (1)に示す事項については，例えば，次のような言語活動を通して指導するものとする。

ア　記録や報告などの文章を読み，文章の一部を引用して，分かったことや考えたことを説明したり，意見を述べたりする活動。

イ　詩や物語などを読み，内容を説明したり，考えたことなどを伝え合ったりする活動。

ウ　学校図書館などを利用し，事典や図鑑などから情報を得て，分かったことなどをまとめて説明する活動。

〔第5学年及び第6学年〕

1　目　標

(1) 日常生活に必要な国語の知識や技能を身に付けるとともに，我が国の言語文化に親しんだり理解したりすることができるようにする。

(2) 筋道立てて考える力や豊かに感じたり想像したりする力を養い，日常生活における人との関わりの

中で伝え合う力を高め，自分の思いや考えを広げることができるようにする。

(3) 言葉がもつよさを認識するとともに，進んで読書をし，国語の大切さを自覚して，思いや考えを伝え合おうとする態度を養う。

2　内　容

〔知識及び技能〕

(1) 言葉の特徴や使い方に関する次の事項を身に付けることができるよう指導する。

ア　言葉には，相手とのつながりをつくる働きがあることに気付くこと。

イ　話し言葉と書き言葉との違いに気付くこと。

ウ　文や文章の中で漢字と仮名を適切に使い分けるとともに，送り仮名や仮名遣いに注意して正しく書くこと。

エ　第5学年及び第6学年の各学年においては，学年別漢字配当表の当該学年までに配当されている漢字を読むこと。また，当該学年の前の学年までに配当されている漢字を書き，文や文章の中で使うとともに，当該学年に配当されている漢字を漸次書き，文や文章の中で使うこと。

オ　思考に関わる語句の量を増し，話や文章の中で使うとともに，語句と語句との関係，語句の構成や変化について理解し，語彙を豊かにすること。また，語感や言葉の使い方に対する感覚を意識して，語や語句を使うこと。

カ　文の中での語句の係り方や語順，文と文との接続の関係，話や文章の構成や展開，話や文章の種類とその特徴について理解すること。

キ　日常よく使われる敬語を理解し使い慣れること。

ク　比喩や反復などの表現の工夫に気付くこと。

ケ　文章を音読したり朗読したりすること。

(2) 話や文章に含まれている情報の扱い方に関する次の事項を身に付けることができるよう指導する。

ア　原因と結果など情報と情報との関係について理解すること。

イ　情報と情報との関係付けの仕方，図などによる語句と語句との関係の表し方を理解し使うこと。

(3) 我が国の言語文化に関する次の事項を身に付けることができるよう指導する。

ア　親しみやすい古文や漢文，近代以降の文語調の文章を音読するなどして，言葉の響きやリズムに親しむこと。

イ　古典について解説した文章を読んだり作品の内容の大体を知ったりすることを通して，昔の人のものの見方や感じ方を知ること。

ウ　語句の由来などに関心をもつとともに，時間の経過による言葉の変化や世代による言葉の違いに気付き，共通語と方言との違いを理解すること。また，仮名及び漢字の由来，特質などについて理

解すること。

エ　書写に関する次の事項を理解し使うこと。

　(ア)　用紙全体との関係に注意して，文字の大きさや配列などを決めるとともに，書く速さを意識して書くこと。

　(イ)　毛筆を使用して，穂先の動きと点画のつながりを意識して書くこと。

　(ウ)　目的に応じて使用する筆記具を選び，その特徴を生かして書くこと。

オ　日常的に読書に親しみ，読書が，自分の考えを広げることに役立つことに気付くこと。

〔思考力，判断力，表現力等〕

A　話すこと・聞くこと

(1)　話すこと・聞くことに関する次の事項を身に付けることができるよう指導する。

　ア　目的や意図に応じて，日常生活の中から話題を決め，集めた材料を分類したり関係付けたりして，伝え合う内容を検討すること。

　イ　話の内容が明確になるように，事実と感想，意見とを区別するなど，話の構成を考えること。

　ウ　資料を活用するなどして，自分の考えが伝わるように表現を工夫すること。

　エ　話し手の目的や自分が聞こうとする意図に応じて，話の内容を捉え，話し手の考えと比較しながら，自分の考えをまとめること。

　オ　互いの立場や意図を明確にしながら計画的に話し合い，考えを広げたりまとめたりすること。

(2)　(1)に示す事項については，例えば，次のような言語活動を通して指導するものとする。

　ア　意見や提案など自分の考えを話したり，それらを聞いたりする活動。

　イ　インタビューなどをして必要な情報を集めたり，それらを発表したりする活動。

　ウ　それぞれの立場から考えを伝えるなどして話し合う活動。

B　書くこと

(1)　書くことに関する次の事項を身に付けることができるよう指導する。

　ア　目的や意図に応じて，感じたことや考えたことなどから書くことを選び，集めた材料を分類したり関係付けたりして，伝えたいことを明確にすること。

　イ　筋道の通った文章となるように，文章全体の構成や展開を考えること。

　ウ　目的や意図に応じて簡単に書いたり詳しく書いたりするとともに，事実と感想，意見とを区別して書いたりするなど，自分の考えが伝わるように書き表し方を工夫すること。

　エ　引用したり，図表やグラフなどを用いたりして，自分の考えが伝わるように書き表し方を工夫すること。

　オ　文章全体の構成や書き表し方などに着目して，文や文章を整えること。

カ　文章全体の構成や展開が明確になっているかなど，文章に対する感想や意見を伝え合い，自分の文章のよいところを見付けること。

(2)　(1)に示す事項については，例えば，次のような言語活動を通して指導するものとする。

　ア　事象を説明したり意見を述べたりするなど，考えたことや伝えたいことを書く活動。

　イ　短歌や俳句をつくるなど，感じたことや想像したことを書く活動。

　ウ　事実や経験を基に，感じたり考えたりしたことや自分にとっての意味について文章に書く活動。

Ｃ　読むこと

(1)　読むことに関する次の事項を身に付けることができるよう指導する。

　ア　事実と感想，意見などとの関係を叙述を基に押さえ，文章全体の構成を捉えて要旨を把握すること。

　イ　登場人物の相互関係や心情などについて，描写を基に捉えること。

　ウ　目的に応じて，文章と図表などを結び付けるなどして必要な情報を見付けたり，論の進め方について考えたりすること。

　エ　人物像や物語などの全体像を具体的に想像したり，表現の効果を考えたりすること。

　オ　文章を読んで理解したことに基づいて，自分の考えをまとめること。

　カ　文章を読んでまとめた意見や感想を共有し，自分の考えを広げること。

(2)　(1)に示す事項については，例えば，次のような言語活動を通して指導するものとする。

　ア　説明や解説などの文章を比較するなどして読み，分かったことや考えたことを，話し合ったり文章にまとめたりする活動。

　イ　詩や物語，伝記などを読み，内容を説明したり，自分の生き方などについて考えたことを伝え合ったりする活動。

　ウ　学校図書館などを利用し，複数の本や新聞などを活用して，調べたり考えたりしたことを報告する活動。

第３　指導計画の作成と内容の取扱い

1　指導計画の作成に当たっては，次の事項に配慮するものとする。

(1)　単元など内容や時間のまとまりを見通して，その中で育む資質・能力の育成に向けて，児童の主体的・対話的で深い学びの実現を図るようにすること。その際，言葉による見方・考え方を働かせ，言語活動を通して，言葉の特徴や使い方などを理解し自分の思いや考えを深める学習の充実を図ること。

(2)　第２の各学年の内容の指導については，必要に応じて当該学年より前の学年において初歩的な形で

取り上げたり，その後の学年で程度を高めて取り上げたりするなどして，弾力的に指導すること。

(3) 第2の各学年の内容の〔知識及び技能〕に示す事項については，〔思考力，判断力，表現力等〕に示す事項の指導を通して指導することを基本とし，必要に応じて，特定の事項だけを取り上げて指導したり，それらをまとめて指導したりするなど，指導の効果を高めるよう工夫すること。なお，その際，第1章総則の第2の3の(2)のウの(イ)に掲げる指導を行う場合には，当該指導のねらいを明確にするとともに，単元など内容や時間のまとまりを見通して資質・能力が偏りなく育成されるよう計画的に指導すること。

(4) 第2の各学年の内容の〔思考力，判断力，表現力等〕の「A話すこと・聞くこと」に関する指導については，意図的，計画的に指導する機会が得られるように，第1学年及び第2学年では年間35単位時間程度，第3学年及び第4学年では年間30単位時間程度，第5学年及び第6学年では年間25単位時間程度を配当すること。その際，音声言語のための教材を活用するなどして指導の効果を高めるよう工夫すること。

(5) 第2の各学年の内容の〔思考力，判断力，表現力等〕の「B書くこと」に関する指導については，第1学年及び第2学年では年間100単位時間程度，第3学年及び第4学年では年間85単位時間程度，第5学年及び第6学年では年間55単位時間程度を配当すること。その際，実際に文章を書く活動をなるべく多くすること。

(6) 第2の第1学年及び第2学年の内容の〔知識及び技能〕の(3)のエ，第3学年及び第4学年，第5学年及び第6学年の内容の〔知識及び技能〕の(3)のオ及び各学年の内容の〔思考力，判断力，表現力等〕の「C読むこと」に関する指導については，読書意欲を高め，日常生活において読書活動を活発に行うようにするとともに，他教科等の学習における読書の指導や学校図書館における指導との関連を考えて行うこと。

(7) 低学年においては，第1章総則の第2の4の(1)を踏まえ，他教科等との関連を積極的に図り，指導の効果を高めるようにするとともに，幼稚園教育要領等に示す幼児期の終わりまでに育ってほしい姿との関連を考慮すること。特に，小学校入学当初においては，生活科を中心とした合科的・関連的な指導や，弾力的な時間割の設定を行うなどの工夫をすること。

(8) 言語能力の向上を図る観点から，外国語活動及び外国語科など他教科等との関連を積極的に図り，指導の効果を高めるようにすること。

(9) 障害のある児童などについては，学習活動を行う場合に生じる困難さに応じた指導内容や指導方法の工夫を計画的，組織的に行うこと。

(10) 第1章総則の第1の2の(2)に示す道徳教育の目標に基づき，道徳科などとの関連を考慮しながら，第3章特別の教科道徳の第2に示す内容について，国語科の特質に応じて適切な指導をすること。

2　第2の内容の取扱いについては，次の事項に配慮するものとする。

(1)　〔知識及び技能〕に示す事項については，次のとおり取り扱うこと。

ア　日常の言語活動を振り返ることなどを通して，児童が，実際に話したり聞いたり書いたり読んだりする場面を意識できるよう指導を工夫すること。

イ　表現したり理解したりするために必要な文字や語句については，辞書や事典を利用して調べる活動を取り入れるなど，調べる習慣が身に付くようにすること。

ウ　第3学年におけるローマ字の指導に当たっては，第5章総合的な学習の時間の第3の2の(3)に示す，コンピュータで文字を入力するなどの学習の基盤として必要となる情報手段の基本的な操作を習得し，児童が情報や情報手段を主体的に選択し活用できるよう配慮することとの関連が図られるようにすること。

エ　漢字の指導については，第2の内容に定めるほか，次のとおり取り扱うこと。

(ｱ)　学年ごとに配当されている漢字は，児童の学習負担に配慮しつつ，必要に応じて，当該学年以前の学年又は当該学年以降の学年において指導することもできること。

(ｲ)　当該学年より後の学年に配当されている漢字及びそれ以外の漢字については，振り仮名を付けるなど，児童の学習負担に配慮しつつ提示することができること。

(ｳ)　他教科等の学習において必要となる漢字については，当該教科等と関連付けて指導するなど，その確実な定着が図られるよう指導を工夫すること。

(ｴ)　漢字の指導においては，学年別漢字配当表に示す漢字の字体を標準とすること。

オ　各学年の(3)のア及びイに関する指導については，各学年で行い，古典に親しめるよう配慮すること。

カ　書写の指導については，第2の内容に定めるほか，次のとおり取り扱うこと。

(ｱ)　文字を正しく整えて書くことができるようにするとともに，書写の能力を学習や生活に役立てる態度を育てるよう配慮すること。

(ｲ)　硬筆を使用する書写の指導は各学年で行うこと。

(ｳ)　毛筆を使用する書写の指導は第3学年以上の各学年で行い，各学年年間30単位時間程度を配当するとともに，毛筆を使用する書写の指導は硬筆による書写の能力の基礎を養うよう指導すること。

(ｴ)　第1学年及び第2学年の(3)のウの(ｲ)の指導については，適切に運筆する能力の向上につながるよう，指導を工夫すること。

(2)　第2の内容の指導に当たっては，児童がコンピュータや情報通信ネットワークを積極的に活用する機会を設けるなどして，指導の効果を高めるよう工夫すること。

(3) 第2の内容の指導に当たっては，学校図書館などを目的をもって計画的に利用しその機能の活用を図るようにすること。その際，本などの種類や配置，探し方について指導するなど，児童が必要な本などを選ぶことができるよう配慮すること。なお，児童が読む図書については，人間形成のため偏りがないよう配慮して選定すること。

3 教材については，次の事項に留意するものとする。

(1) 教材は，第2の各学年の目標及び内容に示す資質・能力を偏りなく養うことや読書に親しむ態度の育成を通して読書習慣を形成することをねらいとし，児童の発達の段階に即して適切な話題や題材を精選して調和的に取り上げること。また，第2の各学年の内容の〔思考力，判断力，表現力等〕の「A話すこと・聞くこと」，「B書くこと」及び「C読むこと」のそれぞれの(2)に掲げる言語活動が十分行われるよう教材を選定すること。

(2) 教材は，次のような観点に配慮して取り上げること。

  ア 国語に対する関心を高め，国語を尊重する態度を育てるのに役立つこと。

  イ 伝え合う力，思考力や想像力及び言語感覚を養うのに役立つこと。

  ウ 公正かつ適切に判断する能力や態度を育てるのに役立つこと。

  エ 科学的，論理的に物事を捉え考察し，視野を広げるのに役立つこと。

  オ 生活を明るくし，強く正しく生きる意志を育てるのに役立つこと。

  カ 生命を尊重し，他人を思いやる心を育てるのに役立つこと。

  キ 自然を愛し，美しいものに感動する心を育てるのに役立つこと。

  ク 我が国の伝統と文化に対する理解と愛情を育てるのに役立つこと。

  ケ 日本人としての自覚をもって国を愛し，国家，社会の発展を願う態度を育てるのに役立つこと。

  コ 世界の風土や文化などを理解し，国際協調の精神を養うのに役立つこと。

(3) 第2の各学年の内容の〔思考力，判断力，表現力等〕の「C読むこと」の教材については，各学年で説明的な文章や文学的な文章などの文章形態を調和的に取り扱うこと。また，説明的な文章については，適宜，図表や写真などを含むものを取り上げること。

「別表 学年別漢字配当表」は省略

小学校　教科書単元別

到達目標と評価規準 〈国語〉東 1-3年

2020年度新教科書対応

2019年10月30日　初版第1版発行

企画・編集　　日本標準教育研究所
発 行 所　　株式会社　日本標準
発 行 者　　伊藤 潔
　　　　　　　〒167-0052　東京都杉並区南荻窪3-31-18
　　　　　　　TEL 03-3334-2630　FAX 03-3334-2635
　　　　　　　URL https://www.nipponhyojun.co.jp/
デザイン・編集協力　株式会社リーブルテック
印刷・製本　株式会社リーブルテック

ISBN 978-4-8208-0661-5　C3037　Printed in Japan
乱丁・落丁の場合はお取り替えいたします。